Ségolène Lefèvre

Les Femmes & l'Amour du Vin

FÉRET

*Un soir, l'âme du vin chantait dans les bouteilles :
« Homme, vers toi je pousse, ô cher déshérité,
Sous ma prison de verre et mes cires vermeilles,
Un chant plein de lumière et de fraternité !*

*Je sais combien il faut, sur la colline en flammes,
De peine, de sueur et de soleil cuisant
Pour engendrer ma vie et pour me donner l'âme ;
Mais je ne serais point ingrat ni malfaisant.*

*Car j'éprouve une joie immense quand je tombe
Dans le gosier d'un homme usé par les travaux,
Et sa chaude poitrine est une douce tombe
Où je me plais bien mieux que dans mes froids caveaux.*

*Entends-tu retentir les refrains des dimanches
Et l'espoir qui gazouille en mon sein palpitant ?
Les coudes sur la table et retroussant tes manches,
Tu me glorifieras et tu seras content ;*

*J'allumerai les yeux de ta femme ravie ;
À ton fils je rendrai sa force et ses couleurs
Et serai pour ce frêle athlète de la vie
L'huile qui raffermit les muscles des lutteurs.*

*En toi je tomberai, végétale ambroisie,
Grain précieux jeté par l'éternel Semeur,
Pour que de notre amour naisse la poésie
Qui jaillira vers Dieu comme une rare fleur ! »*

Baudelaire, « L'âme du vin »

INTRODUCTION

Dans ces quelques vers tient, peut-être, l'explication des interdictions, des peurs et de l'intolérance envers le vin, observées au cours des siècles, dans des sociétés bouleversées par cette magie, cette alchimie que le vin provoque dans le corps et qui inquiète le sexe fort à l'encontre du sexe dit faible. « J'allumerai les yeux de ta femme ravie » ! À quel monde mystérieux, à quelles parts inconnues d'elle-même accéderait-elle grâce au vin ? Le vin est trop rare ou trop précieux pour être gaspillé ainsi.

Il s'agit dans ce livre de raconter l'histoire des femmes et du vin. Une longue et vieille histoire d'amour compliquée comme le sont souvent les histoires d'amour. Avec des hauts et des bas, une histoire au cours de laquelle les femmes n'ont pas toujours maîtrisé les tenants et les aboutissants, une histoire le plus souvent racontée par les hommes, une histoire joyeuse comme le vin, parfois difficile à boire et d'autres fois pétillante. Nous découvrirons alors que si les femmes ont longtemps été tenues à l'écart du vin, c'est davantage des chais et des vignes que des coupes. Que cela tient encore à des tabous liés à des civilisations où le vin restait un symbole fort. Une symbolique utilisée à la fois par les religions et les gouvernants quand ils en avaient besoin. Les sociétés et le niveau de vie évoluant, les mœurs changent, le vin n'est plus considéré comme dangereux pour les femmes, il devient, au contraire, le compagnon indissociable de la galanterie, il n'est pas de cour galante qui se fasse sans l'offrande de quelques flacons à la femme convoitée. Les femmes apprennent peu à peu à consommer et à apprécier le vin.

Au départ, les interdictions naissent souvent dans des pays où le vin est rare, sa rareté le rend précieux, il est donc réservé aux êtres dominants. Il en a toujours été ainsi. Cette denrée précieuse, qu'il ne s'agissait pas de gaspiller, fut parfois taboue pour les femmes, non pas parce que cette boisson était interdite à l'un ou l'autre sexe ou à une catégorie bien particulière de la société, mais parce que des intérêts économiques et des volontés politiques dictaient les lois et, par extension, les comportements.

Pour justifier les lois, les hommes donnent aux interdictions des alibis religieux ou moraux voire médicaux. Le vin pur aux vertus thérapeutiques ne doit être consommé qu'en des circonstances bien précises, libations aux dieux, banquets civiques. La soi-disant interdiction du vin aux femmes chez les Grecs où le vin coule à flots vient de là. Mais elles aimaient le vin et ne rechignaient pas à lever le coude et pas seulement pour boire du vin doux, le seul qui leur soit autorisé. Elles se sont souvent emparées de boissons d'hommes. Les héroïnes du théâtre d'Aristophane aiment le vin de Thasos, un vin réputé puissant, et dans les cafés au XIXe siècle, les femmes se sont mises à boire la boisson préférée des « Bat' d'Af' » : l'absinthe.

Pour appuyer leurs propos, les censeurs ont fait appel à la magie. Les mystères de la sexualité féminine et de la gestation ne s'accordaient pas avec cette boisson fermentée, elle-même fruit d'une alchimie que l'on maîtrisait mal. Le sang de la vigne ne convenait pas aux femmes : un sang chasse l'autre. Interdites de chais, interdites de boire comme les hommes. Ce qui ne les empêchait pas de boire car le vin était partout et que les interdits, lorsqu'ils sont transgressés, procurent un plaisir encore plus grand.

Les femmes ont investi le monde du vin à tous les échelons et en particulier les domaines qui leur ont été fermés le plus longtemps : l'élaboration du vin et la culture de la vigne. Ne voyons pas dans la reconnaissance de cette victoire une intention d'éloge féministe, l'expression d'une revanche ou la fustigation d'un machisme qui avait duré fort longtemps. Mais simplement le fait qu'il aura fallu des siècles pour arriver à ce résultat. Le temps a dû paraître bien long à certaines qui ont dû ronger leur frein en attendant l'opportunité de se dévoiler, tandis que d'autres, impatientes et pionnières, avaient saisi les rênes plus tôt. Quand elles se firent vigneronnes, elles prirent un grand soin pour faire du bon vin. Avec réalisme et pragmatisme, plus une part de rêve ou plutôt d'optimisme et d'utopie, elles décidèrent de travailler au mieux leurs vignes et leurs vins. Ce fut un travail de pionnières et de longue haleine où elles furent secondées par les directrices de caves coopératives et des grandes maisons de négoce. Les sommelières, elles, ne se contentent plus de verser dans les verres le vin de l'oubli ou de la fête mais de les choisir et de les faire aimer.

Mais à côté de cela, les femmes ont toujours su reconnaître les valeurs du vin et se sont souvent fait les ambassadrices de cette boisson. Princesses servant les vins de leur région dans les contrées où elles vivaient après leur mariage, femmes de lettres ou femmes du monde chantant les mérites de leur vin préféré. L'exemple le plus célèbre en France est celui du champagne qu'aiment tant les femmes et dont certaines d'entre elles, à la tête des plus grandes maisons, furent davantage que des ambassadrices en bouleversant sa production et sa fabrication et en initiant des procédés qui le bonifièrent.

Si le vin fut une arme de séduction, elle le fut dans les deux sens ; car le palais des femmes que l'on dit plus subtil que celui de leurs homologues masculins, sut découvrir toutes les arcanes du plaisir que ce nectar divin procurait.

Ce sont elles maintenant qui expliquent le vin aux hommes et les initient aux subtilités de la dégustation dans tous les domaines qui touchent au vin : marketing, publicité et communication, en écrivant et en organisant des évènements.

Nouvelles bacchantes, pourquoi pas ? Si l'on considère combien leur présence était « révolutionnaire » dans un culte de Dionysos ouvert à tous.

Écoutons cette histoire du vin. Au commencement, il y eut un soir et il y eut un matin, et la vigne poussa et Dieu vit que cela était bon. Ensuite Noé découvrit les vertus enivrantes du vin et provoqua une réaction ambiguë de sa progéniture, premier dilemme. À la même époque, Dionysos, fou de douleur après la mort de son amant Ampélos, trouva le réconfort dans le vin, tandis que Gilgamesh, en quête de l'immortalité, recevait des mains de Siduri, le breuvage du plaisir. Tout de suite le vin fut synonyme de plaisir, et c'est sans doute là le nœud du problème. Selon les civilisations, les comportements religieux et sociaux, cette alliance fut tolérée et aimée ou crainte et détestée. Dès l'Antiquité, des manières d'agir et des comportements se mirent en place, à l'image des sociétés qui les générèrent et cet état de fait se perpétua à travers les siècles jusqu'à nous, qui continuons d'entretenir cette ambiguïté.

Chapitre I

LES FEMMES FONT LE VIN

Les portes des chais se sont ouvertes depuis peu aux femmes qui sont devenues vigneronnes vers la fin des années 70 et le début des années 80. À ce moment-là, elles ont dirigé des domaines en leur nom propre, elles ont succédé à leur père ou à leur mari, elles ont aussi acheté des terres et créé leurs domaines. Cela ne s'est pas réalisé sans remous. Certains hommes les ont regardées avec condescendance, pensant entre eux « si ça les amuse ! Ce n'est pas un travail de femme, on verra bien combien de temps elles vont tenir ! » D'autres se sont moqués d'elles plus ou moins gentiment lors des dégustations ou dans les journaux quand elles présentaient leurs « vins de femme »… D'autres, peu nombreux heureusement, pas du tout décidés à laisser la place aux femmes, ont employé parfois la manière forte voire la violence – pieds de vignes ou raisins coupés, matériels saccagés – pour les décourager de marcher sur leurs plates-bandes. Depuis des siècles que l'on cultivait la vigne, cette intrusion des femmes dans le monde masculin de la vinification a été une révolution.

Car la vigne tient une place à part dans l'agriculture, elle n'est pas une culture vivrière au même titre que le blé par exemple, autre culture symbolique. Le blé et les autres céréales donnent le pain et les bouillies, base quotidienne de la nourriture des hommes pendant des centaines d'années. Les fruits et les légumes, les viandes et les poissons complètent cette base et apportent aux hommes des suppléments de force et d'énergie. Mais le vin ? Il n'est pas absolument indispensable pour rester en vie. D'ailleurs, il fut longtemps dissocié du repas et bu à des moments différents. Il fut servi d'abord dans les libations et sacrifices lors des cérémonies religieuses, puis dans les réunions mixtes ou masculines et lors des fêtes qu'elles soient privées ou publiques. Il servit aussi de médecine, ses vertus en firent un excellent reconstituant et un médicament efficace. Les médecins de l'Antiquité utilisaient les vins selon leurs couleurs, leurs vinifications et leurs origines prenant dans chacun ce qui convenait le mieux comme remède aux maux dont souffraient les malades.

Le vin n'est décidément pas une nourriture comme les autres. Les prêtres comme les médecins étaient des hommes, les vignerons aussi, et la vinification était leur domaine réservé. Certaines pourtant ont su remplacer les hommes quand il le fallait et leur vin était très bon. Argument balayé d'un revers de main. Pas de femmes dans les chais, elles font tourner le vin ! Bien malin celui qui aurait pu vous dire pourquoi, mais c'était ainsi.

Des femmes dans les vignes ?

Sur les pourtours de la Méditerranée et dans le Proche-Orient ancien, les divinités du vin étaient masculines hormis en Égypte et en Mésopotamie. Là où les déesses du vin existaient, les femmes jouaient un rôle dans le monde du vin. Le seul exemple connu d'une femme propriétaire de vignes est celui d'une Romaine d'Égypte ou d'une Égyptienne romanisée nommée Aurelia Sarapous. Elle possédait dans les alentours de la cité d'Oxyrhynchos, un vignoble pour l'entretien duquel elle passa un contrat, le 28 octobre 257. Aurelia Sarapous employait des personnes compétentes pour s'occuper des vignes et faire le vin. Appartenant à la classe supérieure de la cité, elle vivait de l'argent que lui rapportaient ses domaines agricoles :

« À Aurelia Sarapous, fille de Theon, petite-fille de Theon, ancien premier magistrat de la cité des Oxyrhynchites, actant sans tuteur conformément au droit des femmes ayant élevé des enfants, de la part d'Aurelius […] Nous nous engageons de notre plein gré à louer nos services […] pour tous les travaux manuels viticoles et l'irrigation du vignoble de six aroures qui t'appartient près de Senepta et qui s'appelle Thaut […] Et nous ferons les vanneries nécessaires au fouloir et au mortier (pressoir) et les filtres en osier de l'appareil. Nous éprouverons en les faisant sonner les amphores vides destinées au vin de chaque année sur le lieu d'où elles auront été apportées. Lorsqu'elles auront été remplies de vin, nous les déposerons au soleil, nous les enduirons et nous en assurerons la manutention et la garde tant qu'elles resteront sur place. »

Papyrus d'Oxyrhynchos n° 3354

Le rationnel…

Nos comportements sont transmis par la tradition. Celle-ci détermine les fonctions des hommes et des femmes dans l'agriculture et distribue les rôles de chacun pour les travaux des champs. Au départ, la force physique fut un critère de répartition des tâches car la conduite de la vigne demandait des forces musculaires. Plantées souvent sur des terrains difficiles – coteaux, flancs de montagne –, l'entretien des vignes demandait de l'endurance. Les travaux durs, difficiles, effectués dans des zones isolées, éloignées des villages, donc potentiellement dangereuses, étaient dévolus aux hommes. Longtemps, les campagnes furent peu sûres, animaux sauvages et errants de tout acabit y vagabondaient. Les murs des villages et des cités protégeaient les hommes qui ne se déplaçaient qu'en groupe : caravanes de marchands, groupes de voyageurs et de pèlerins, et les bergers étaient toujours accompagnés de féroces chiens de garde. Pour toutes ces raisons, les travaux plus physiques étaient réservés aux hommes et les femmes qui portaient les enfants et les allaitaient, s'acquittaient plutôt des tâches domestiques, de l'entretien des jardins et de la basse-cour. Elles quittaient rarement la protection des villes, des villages et des hameaux jusqu'à des époques avancées et ne travaillaient dans les champs que lors des vendanges et des moissons qui nécessitaient le travail collectif de toute la communauté.

Un auteur grec du IIe ou IIIe siècle de notre ère, Longus, que l'on pense natif de l'île de Lesbos, écrivit le premier roman connu de la littérature : *Daphnis et Chloé*, un roman bucolique qui décrivait les travaux des champs et la vie à la campagne. La fin de l'été arrivait et les raisins devaient être vendangés, tous les bras valides étaient réquisitionnés :

> « Maintenant, l'automne était dans toute sa force, on allait vendanger et chacun était aux champs, à l'ouvrage. L'un réparait des pressoirs, l'autre nettoyait des jarres, un autre tressait des corbeilles, celui-ci émoulait une serpette pour la coupe du raisin, celui-là mettait à point une pierre solide pour écraser les grappes juteuses, cet autre apprêtait l'osier sec qu'on avait battu pour en ôter l'écorce et qui devait la nuit, servir de flambeau pour le transport du moût. Ainsi laissant au bercail leurs brebis et leurs chèvres, Daphnis et Chloé prêtaient aux autres l'aide de leurs mains. Lui portait des raisins dans des corbeilles, les jetait dans des cuves

et les foulait, puis allait verser le vin dans les jarres. Elle, de son côté, préparait le repas des vendangeurs, leur donnait à boire le vin de l'année précédente et, à son tour, vendangeait les branches les plus basses des vignes [...] Comme de raison en ces journées où l'on fêtait Dionysos et la naissance du vin, les femmes avaient été appelées des campagnes voisines pour aider aux champs. »

Les hommes et les femmes travaillaient de concert, mais une fois les raisins rentrés et pressés, les hommes reprenaient leur rôle prédominant, la vinification restait toujours leur affaire. À l'origine, le foulage, le pressage, la mise en jarres étaient des tâches très physiques. Même actuellement avec toute l'aide des outils mécaniques et de la technique, les femmes avouent que parfois, le travail dans les chais leur est difficile et que l'apport de la force musculaire de leurs collègues masculins est bienvenu. La force physique fut donc un critère important mais pas seulement. Il y eut d'autres raisons qui ne relevaient pas du rationnel et qui durèrent longtemps.

… Et l'irrationnel

Dans la transformation du jus de raisin en vin, il entre quelque chose de magique. Dans les jarres primitivement, puis dans les barriques, s'effectue un lent travail, invisible, celui de la fermentation. Un travail secret que les hommes ont dû comprendre et maîtriser. La fermentation comme la fécondation à laquelle elle fut assimilée, très mystérieuse à l'origine, semblait relever du divin. C'est pour cela qu'on l'attribua à Dionysos, dieu venu de l'Orient aux rites sauvages qu'il fallut civiliser. Dionysos vendangeait avec ses satyres et ses pans et le jus de raisin se transformait immédiatement en vin, procurant la joie aux hommes. Dès le départ, les femmes furent exclues de la vinification. Pour en comprendre les raisons, il faut aller voir du côté des mythes et tabous qui assimilaient les mystères des cycles féminins et de la procréation à ceux de la croissance des fruits de la terre.

Gardons en mémoire qu'avant même les paroles du Christ durant la Cène, le vin fut symboliquement assimilé au sang. Le vin est le sang de la vigne, ce qu'intègre la légende de la transformation d'Ampélos en cep de vigne. Le sang d'Ampélos devint la sève du cep, nourriture des grappes qui donnaient le vin. Les Anciens croyaient dur comme fer qu'un sang chassait l'autre, ils interdirent donc à leurs femmes de boire du sang étranger même végétal et également de faire le vin. Ainsi que l'ange de Yahvé le dit à la femme de Manoah :

« Voici que tu es stérile et tu n'as pas d'enfant ; et bien ! Tu vas concevoir et enfanter un fils. Mais désormais prends bien garde ! Ne bois ni vin, ni boisson forte, et ne mange rien d'impur. »

Livre des Juges, XIII, 3-4.

Il ne faut jamais oublier que les religions antiques n'étaient pas exemptes de magie, et les sacrifices offerts aux dieux comprenaient quatre liquides sacrificiels, donc magiques d'une certaine façon : le lait, le sang, l'eau et le vin. On prêtait aux femmes des pouvoirs surnaturels à cause des mystères de la procréation, elles n'avaient donc pas besoin d'un enchantement supplémentaire : celle de faire le vin. Qu'elles laissent cette magie-là aux hommes. L'interdiction des femmes dans les chais et les celliers peut venir de là. Chaque mois, la femme perdait son sang, sang qui était incompatible avec le sang de la vigne : il lui était donc nuisible durant cette période de même qu'après l'accouchement jusqu'aux relevailles, cérémonie qui marquait la fin de l'impureté des femmes. Cette impureté était censée empêcher la croissance des fruits et l'élaboration du vin. Tout comme elle souillait la nourriture : à Rome, il était demandé aux boulangers, cuisiniers et sommeliers de rester chastes et continents car les aliments devaient être maniés soit par des enfants impubères, soit par des personnes abstinentes sexuellement. Dans le cas contraire, une purification par l'eau était obligatoire avant de reprendre leurs fonctions professionnelles.

Les moniales et le vin

Les moniales étaient des femmes pures et sans tache. Les vœux de chasteté et de célibat qu'elles prononçaient les éloignaient de toute sexualité donc de tout péché. Épouses du Christ et proches du divin, leur rapport au vin pouvait être mis en parallèle avec le rôle de Marie lors des Noces de Cana : fournir du bon vin à tous ceux qui le buvaient lors du service liturgique comme dans la vie laïque. Et le vin, comme chez leurs frères en religion – les moines – était, tel le pain et l'huile, des symboles sacrés pour la liturgie chrétienne. Autant qu'elles le pouvaient, elles possédaient des vignes et faisaient leur vin. Aux premiers temps du Moyen Âge, les moines, qui furent les propagateurs de la foi chrétienne, devinrent des pionniers de la viticulture, défrichant des vastes territoires vierges et incultes. Les rois et les aristocrates les imitèrent très vite, là où ils installèrent leur pouvoir. Le haut Moyen Âge européen fut marqué par le triomphe du vin, boisson quotidienne très prisée. Dans toute l'Europe chrétienne, la consommation de vin était importante avec, malgré tout, de fortes différences qui perdurèrent jusqu'à une époque récente.

Faire le vin, une obligation

Les ecclésiastiques, appartenant aux monastères comme aux évêchés, eurent un rôle prépondérant dans l'extension du vignoble et furent, nous l'avons dit, de grands planteurs de vigne. Un contemporain de Charlemagne leur donna le nom de *Pater Vinearum* qu'ils gardèrent jusqu'à l'abolition de la monarchie.

Les moines et les moniales ne devaient jamais manquer de vin. Il était offert et bu lors des messes quotidiennes en commémoration de la Cène où le Christ offrait le pain et le vin à ces disciples. Mais les quantités de vin indispensables à ces offices n'expliquent pas, à elles seules, les besoins importants de vin et cette frénésie de plantations de vigne.

Les ordres religieux avaient d'autres raisons de se faire vigneron : les monastères et abbayes avaient obligation du devoir d'hospitalité. À notre époque où le réseau hôtelier est très dense et où chaque village ou presque possède son auberge, nous avons du mal à nous imaginer un temps où les lieux d'accueil des voyageurs étaient rares voire quasi inexistants dans les campagnes. Et pourtant, hommes et femmes se déplaçaient beaucoup pour se rendre aux foires et marchés, pour effectuer des pèlerinages, pour des déplacements professionnels et privés. Les rois, les seigneurs et leurs suites visitaient régulièrement leurs domaines. Il y avait foule à loger et, les rares auberges n'y suffisant pas, les voyageurs faisaient donc étape le plus souvent dans les monastères. C'était une charge énorme pour les moines mais, en contrepartie de leur hospitalité, les puissants et les riches faisaient des dons aux monastères et leur octroyaient des faveurs. Les moines construisirent donc des hostelleries pour ces riches et généreux voyageurs où ces derniers pouvaient trouver bonne chère et bon vin. Ils possédaient également des hospices réservés aux pèlerins et aux voyageurs ordinaires qu'il fallait aussi nourrir et abreuver. Sans compter que lors des césures entre les saisons, souvent périodes de disette, lors de famines et d'épidémies, les monastères donnaient l'aumône à ceux qui venaient frapper à leur porte et le vin, nous l'avons vu, était une nourriture quotidienne. Les moines élisaient donc, pour construire leurs monastères, des sites propices à la culture de la vigne.

Quelques exemples

Nombre d'abbayes féminines possédaient des vignobles. Parmi elles, certaines nous sont connues soit parce qu'elles ont joué un rôle important dans leur siècle, soit parce que leurs archives ne furent pas détruites durant la Révolution française.

À l'abbaye de Saint-Geniès-de-Mourgues, dans le Languedoc, les religieuses faisaient du vin et l'on prête aux bénédictines de l'abbaye de Saint-André-de-Provence « l'invention » du Gigondas.

Dans le Nord de la France, il y eut des abbayes de moniales célèbres pour leurs vins et leur intérêt pour cette culture ne relevait pas seulement des besoins du culte religieux. À Château-Chalon, une importante communauté de religieuses produisait du vin jaune. Les vins d'Arbois et de Château-Chalon étaient réputés et très recherchés et les vignobles de cette région procuraient des revenus conséquents à leurs propriétaires. La plupart des religieuses de cette abbaye possédaient toutes quatorze quartiers de noblesse, clause, semble-t-il obligatoire pour prononcer ses vœux. Filles de la noblesse propriétaire de vignes, elles connaissaient l'importance économique du vin qu'elles produisaient et exportaient, procurant à l'abbaye la plus grosse part de ses revenus.

Dans les Vosges du nord, sur la Moselle, à Remiremont, un monastère de nonnains s'établit en 910. Le choix de ce site ne fut pas un hasard puisque la Moselle était un axe de communication majeur et considérée depuis les Romains comme une artère maîtresse entre le royaume franc et la Germanie, en particulier avec la ville royale de Trèves. Le commerce frison était très important et favorisa l'implantation de la viticulture dans les vallées du Rhin et de la Moselle. La première abbesse appartenait à une famille princière et, pour deux raisons, comprenait l'importance de l'implantation et du développement d'un vignoble. Premièrement, les grands personnages et leur suite, clients potentiels, faisaient étape à l'abbaye lors de leur déplacement : il fallait donc du bon vin dans les celliers pour les recevoir décemment. Ensuite, elle connaissait tous les bienfaits qu'elle pouvait tirer de la bonne tenue du vignoble, du commerce et du transport du vin de l'abbaye. Elle avait donc organisé d'une remarquable façon un réseau de transport du vin qui bénéficiait comme tous les ordres religieux de l'exemption du tonlieu – taxe indirecte sur les marchandises, perçues lors de leur transport – sur un certain nombre de barques circulant sur les cours d'eau pour le compte de l'abbaye.

Chaque année, aux Hospices de Beaune ont lieu les célèbres ventes aux enchères de vin dont les bénéfices reviennent à des institutions charitables. C'est le plus bel exemple que l'on garde de l'union des religieuses, de leur devoir de charité et du vin. Les Hospices furent créés en 1443 par Nicolas Rolin, déjà propriétaire des salines de Salins. En 1459, l'année où Philippe Le Bon déclara qu'en raison de l'excellence des vins bourguignons, il porterait le titre de « Seigneur des meilleurs vins de la Chrétienté », fut créé l'ordre des Sœurs Hospitalières de Beaune, femmes dévouées au service des malades et des indigents. En 1457, la première donation de vignes fut enregistrée dans la comptabilité des Hospices, première parcelle de ce qui deviendra un formidable domaine. Entre les donations et les acquisitions de l'Hôtel-Dieu, un véritable vignoble naquit avec son matériel vinicole, son pressoir et son cellier dont les revenus étaient dévolus au fonctionnement de l'Hôtel-Dieu.

Dans les grandes abbayes, elles buvaient le vin de leurs vignes, mais ne le cultivaient, ni ne le vinifiaient. Elles recouraient au service du closier vigneron qui, logé avec sa famille dans les dépendances de l'abbaye, recevait un salaire. Il avait la charge d'entretenir tout au long de l'année le vignoble, de recruter des ouvriers réguliers ou temporaires selon les besoins dans les vignes et dans les chais.

Au contraire, dans les plus petits monastères, ceux qui vivaient parfois en autarcie, les sœurs se faisaient vigneronnes. Nous pouvons prendre comme exemple, le monastère de Solan dans les Cévennes. S'il fut créé en 1997, près d'Uzès, à la bastide d'Engras par des sœurs de culte orthodoxe, il ressemble à de nombreux petits monastères qui ont parsemé l'ancienne France. Les sœurs travaillent dans les vignes, aux chais et s'occupent de la commercialisation de leurs vins, au monastère, dans les salons et sur leur site Internet. Elles font des vins aux noms poétiques comme « Mon bien-aimé avait une vigne », inspirés de la Bible, dont les bouteilles sont ornées d'étiquettes, belles comme des enluminures. Elles ont fait le choix de cultiver la vigne en agro-écologie qui respecte l'intégrité de la terre dans la vision chrétienne de garder et transmettre une terre féconde et vivante dont elles ne sont que les locataires provisoires. Elles se veulent un exemple pour d'autres abbayes tout en se considérant comme les héritières d'une tradition de vin monastique.

La Règle et le Vin

Le vin servait pour le service divin, pour le devoir d'hospitalité, comme monnaie d'échange et pour la consommation quotidienne dans le cadre d'une diète hippocratique et thérapeutique. La quantité journalière de vin pouvait atteindre jusqu'à un litre par moniale dans certains monastères. Le concile de Nicée, en 323, avait en effet défini, au chapitre XII des décrets et constitutions, les quantités de vin autorisées aux moines et moniales. « Quand au vin, les frères en boiront la quantité nécessaire à la santé de leur estomac, selon les paroles de l'apôtre. En outre, il en sera servi un litre aux moines les jours de grande solennité ainsi qu'aux fêtes des martyrs. » Les paroles auxquelles se référait le concile de Nicée étaient celles de l'apôtre Paul dans son épître à Timothée (V, 23) « Cesse de ne boire que de l'eau. Prends un peu de vin à cause de ton estomac. » Ces paroles furent confirmées par des livres de compte des abbayes siciliennes où l'on pouvait y lire que chaque moniale disposait de cent huit litres de vin par an pour sa consommation personnelle.

Lors de certaines fêtes du cycle liturgique, les moniales variaient leur ordinaire et se régalaient de *pigmentum*, un vin agrémenté de miel, de poivre et de cannelle. Même lors de périodes de restrictions alimentaires, le vin était présent selon les prescriptions de l'école de Salerne qui préconisaient de boire un verre de vin au déjeuner pour accompagner le pain et une hémine de vin et du pain avec le potage ou le ragoût de légumes du dîner ordinaire.

Des fidèles leur offraient des petits à-côtés, comme les « agapes » qui étaient des dons en nourriture et vin faits aux religieuses, moines ou clercs par des fondations religieuses en échange de prières. Lors de ces repas, assez consistants, on mangeait et buvait en mémoire d'un défunt. Ces agapes avaient pour finalité de resserrer la communauté des vivants et des morts et de perpétuer le souvenir des chers disparus. Oserait-on y voir une continuation des banquets funéraires ou des dons de terres agricoles qui, chez les Grecs, servaient à organiser un banquet le jour anniversaire de la mort d'un personnage ? Pourquoi pas, puisque les religions se sont appuyées sur des rites préexistants !

Puissants et riches au Moyen Âge, les monastères et abbayes se maintinrent jusqu'à la Révolution française qui sonna le glas de la plupart d'entre eux. Nonnes décapitées, bâtiments détruits ou démantelés, archives et bibliothèques brûlées, beaucoup d'abbayes ne s'en remirent jamais. Les Hospices de Beaune traversèrent les siècles car leurs activités de charité et de soins médicaux les protégèrent. Les sœurs devenues célèbres grâce au film *La Grande Vadrouille*, dans lequel elles protégeaient la fuite de Louis de Funès et de Bourvil, en lançant des citrouilles sur des motos allemandes, n'allaient pas gâcher leur si bon vin ! L'exemple de Solan montre la pérennité – le mot éternité serait plus de mise dans notre propos – des traditions et des préoccupations des moniales, bien dans leur siècle mais gardant un esprit évangélique dans leur rapport à la nature et aux hommes. Les femmes affrontèrent et affrontent encore les difficultés et mènent leur entreprise avec audace et courage.

Femmes aux commandes

Audace et courage furent des qualités nécessaires pour les pionnières qui, au début du XIXe siècle, bravèrent les interdits et les qu'en dira-t-on. Elles durent leur arrivée à la tête d'importants domaines aux aléas capricieux et parfois cruels de l'existence, le plus souvent le décès subi de leurs époux. Propulsées alors à la tête de vignobles comme celui du prestigieux Château Yquem ou d'importantes maisons de Champagne, elles surent relever les défis avec maestria, prenant audacieusement des décisions qui se révélèrent bienheureuses. Femmes d'exception, cultivées et instruites, elles reprirent les rênes, soutenues par de fidèles collaborateurs. Elles surent montrer de quoi des femmes pouvaient être capables.

La Dame d'Yquem

Au milieu de la tourmente révolutionnaire, dans le vignoble bordelais, dans le Sauternais plus précisément, une femme et son domaine réussirent à émerger de ces troubles sans encombre. Si elle connut les geôles révolutionnaires où elle fit quelques séjours, Françoise Joséphine de Sauvage d'Yquem, non seulement garda intact son domaine, mais l'agrandit par la suite en opérant de judicieux achats de parcelles, le modernisa et le porta au sommet.

Le Château d'Yquem était son domaine, apporté en dot par Françoise de Sauvage d'Yquem dans sa corbeille de mariée lorsqu'elle épousa Louis Amédée de Lur Saluces en 1785. La famille Sauvage avait fait bâtir le Château d'Yquem au XVe siècle au milieu d'un domaine qu'elle exploitait et avait construit le vignoble d'Yquem, parcelle par parcelle. En 1711, la famille fut anoblie et prit un patronyme digne de son nouveau statut : de Sauvage d'Yquem. Lors du mariage de Françoise Joséphine et de Louis Amédée, le château devint possession de la famille de Lur Saluces. Et Françoise Joséphine mena la vie classique des épouses d'aristocrates campagnards, propriétaires entreprenants qui firent évoluer le vignoble bordelais au XVIIIe siècle. Ils employaient des régisseurs et des maîtres de chai pour diriger les vignobles, la viticulture était améliorée par la plantation de nouveaux cépages nobles plantés en règes qui produisaient moins, mais donnaient de meilleurs vins. La vinification se faisait en barriques sur lie pour les premiers et deuxièmes vins. Tout était entrepris afin de produire des vins de crus qui se vendaient de trois à neuf fois plus chers que les autres.

Mais en 1788, un drame survint, Louis Amédée décéda à la suite d'une chute de cheval et trois ans après son mariage. Françoise Joséphine, jeune veuve, connaissant la valeur de son patrimoine, décida de reprendre la gestion de son domaine. Aidée de son intendant, Garros, qui lui était resté fidèle, elle fit prospérer le domaine. La période postrévolutionnaire fut marquée par une langueur commerciale, ce qui n'arrêta pas Françoise de Lur Saluces. Elle fit construire des chais adaptés aux nouvelles techniques de vinification, aux presses successives des tris et à la fermentation en barriques. Dorénavant les vins furent ouillés régulièrement, soutirés, clarifiés, changés de barriques et mis en bouteille au domaine. Elle fit drainer les vignes. Peu à peu, elle transforma un vignoble familial en un domaine viticole géré comme une entreprise et Yquem acquit une renommée internationale.

Cette réussite fut stimulée par le goût qu'avait Thomas Jefferson pour les vins du Château d'Yquem. Ayant visité le domaine en 1787 et commandé 250 bouteilles du millésime 1784, il fit connaître ce vin aux États-Unis et quand il fut président, il passa commande de 550 bouteilles, mises en bouteilles au château, étiquetées et millésimées en 1791. Le vin d'Yquem, le vin d'or, fut apprécié ensuite dans les cours de Grande-Bretagne et de Russie, malgré le blocus continental et les guerres napoléoniennes. Une première internationale du goût par-delà les différends politiques ! La consécration officielle vint un peu plus tard, mais Françoise Joséphine n'était plus là pour le voir, décédée quatre ans auparavant. Le célèbre classement des vins de Bordeaux de 1855 honora Yquem en le désignant comme le seul premier cru supérieur de Sauternes. Une gloire dont le vin d'Yquem n'a jamais démérité.

Les grandes dames du champagne

À l'autre extrémité de la France, ce sont aussi deux jeunes veuves qui ont fait briller le mot champagne à travers l'Europe. Jeunes et veuves, deux facteurs qui vont jouer dans leur sens. Les héritiers, encore des enfants, étaient incapables de prendre la suite de leur père. Veuves et donc émancipées, davantage maîtresses de leur destin puisque leurs maris n'étaient plus là. Veuves après le décès subit de leurs maris. Il fallut agir dans l'urgence. Au courant des affaires de leurs maris, elles foncèrent et réussirent. Si Dom Pérignon inventa le champagne effervescent, le vin préféré des femmes, il devint aussi celui de tous les amateurs de bons vins, une boisson prestigieuse qui symbolisa la fête grâce à deux femmes qui eurent assez de flair pour élaborer un grand vin satisfaisant les demandes des consommateurs européens, car très vite le succès du champagne dépassa les frontières. Mmes Clicquot et Pommery l'améliorèrent pour en faire un vin remarquable, célèbre dans le monde entier.

Et Barbe Nicole Clicquot créa Veuve Clicquot

Le siècle avait cinq ans lorsque Barbe Nicole Clicquot devint veuve, à la suite du décès accidentel de son mari écrasé par la chute d'un monte-charge. Elle avait vingt-sept ans et prit les rênes de la maison de négoce familiale, la maison Clicquot & Fils. De fils point, le mariage avait été si court qu'ils n'avaient eu le temps de concevoir qu'une petite fille, Clémentine. Son mari, de son vivant, l'avait initiée aux affaires. De 1805 à 1810, elle dirigea la maison Clicquot & Fils, sans cesser de parfaire l'apprentissage de son métier avec le collaborateur le plus proche de son mari. En 1810, elle était prête. La maison Clicquot & Fils devint Veuve Clicquot-Ponsardin. Motivé par une nécessité juridique, ce changement de nom signalait à tous qui dirigeait la maison ! Une entreprise qui n'était plus seulement une maison de négoce mais qui devint aussi productrice de champagne.

Les photos montrent un visage résolu. Le visage d'une femme de tête comme on dit, volontaire, mais aussi très dynamique et audacieuse qui eut l'intelligence de s'appuyer sur des hommes sûrs et de travailler en collaboration avec eux. Elle acquit peu à peu les meilleures parcelles, améliora la qualité des vins, construisit des caves et contenta si bien ses clients que sa maison devint une des plus belles de Champagne.

Pour en arriver là, Mme veuve Clicquot dut prendre des risques. Les champagnes Clicquot étaient exportés en majorité vers la Russie. Alors que l'Europe était sens dessus dessous et les navires français immobilisés par le blocus continental, elle prit la décision d'envoyer, malgré tout, ses vins et son meilleur vendeur en Russie car à la cour du tsar, on raffolait du Klikoskoïe, le nom russe du champagne. C'était un pari audacieux mais les bateaux parvinrent à bon port. Les clients russes, ravis, en redemandèrent et les commandes affluèrent. Tant et si bien que la production eut du mal à suivre. À cette époque, la finition du champagne posait un problème : un dépôt troublait le vin. Il fallait lui laisser le temps de se déposer dans le goulot pour pouvoir le dégorger. Mais le temps, Mme Clicquot en manquait. À force de tourner le problème dans tous les sens, elle eut l'idée, lumineuse, d'inventer et de faire construire la table de remuage, un pupitre pentu, percé de trous à la taille des goulots. La tête en bas et remuées régulièrement, le dépôt descendant plus rapidement dans le goulot, les bouteilles étaient dégorgées plus vite et les vins, clairs et limpides, plus rapidement prêts à être vendus. Les commandes étaient honorées et les clients satisfaits. Forte de ce premier succès, elle continua ses innovations. En 1810, elle créa le premier champagne millésimé et dix-huit ans plus tard, le premier rosé d'assemblage.

Fine mouche, elle utilisa avant l'heure, des techniques de marketing moderne, faisant inscrire sur les étiquettes des bouteilles une comète, l'année où une comète traversa le ciel champenois, augure d'une bonne récolte et de bons vins et cette comète devint l'emblème de la maison. Femme d'affaires avant tout, voyant que sa fille pas plus que son gendre n'avaient les dispositions nécessaires pour diriger l'entreprise, elle choisit Édouard Werte, son collaborateur le plus proche comme successeur lorsqu'elle décida de se retirer des affaires en 1841. Elle vécut alors dans son Château de Boursault où elle mourut en 1866. Et d'où elle est, elle doit se réjouir de la présence d'une femme, Cécile Bonnefond, à la tête de sa chère maison.

Madame Pommery

Avant de partir pour l'autre monde, Madame Clicquot put observer le début de l'ascension d'une autre veuve champenoise, Madame Pommery, qui allait aussi faire parler d'elle. En 1839, Louise Alexandrine Melin avait vingt ans et elle épousa Alexandre Pommery qui travaillait, comme associé, dans une maison de négoce de champagne. En 1856, il en prit la direction et la renomma Maison Pommery. Hélas, un an plus tard, il décéda subitement. À trente-huit ans, Louise décida de reprendre la direction de cette maison qu'elle connaissait bien car son mari la tenait au courant de ses affaires. Un peu à l'étroit dans le négoce et pleine d'ambition, elle aussi, elle décida d'en faire une maison d'exception. Pendant vingt ans de 1868 à 1888, elle construisit pas à pas son œuvre. Elle fit édifier dans Reims, un château élisabéthain, un style très en vogue à l'époque, et surtout entreprit de faire creuser douze kilomètres de caves dans les crayères où le vin pouvait reposer à une température constante de 10 °C.

Il était nécessaire en effet d'avoir un lieu adapté aux créations de Louise Pommery. Le champagne de cette époque était très dosé en sucre, pouvant aller jusqu'à 200 grammes par bouteille. C'était un vin de dessert. Ses clients britanniques buvaient de préférence des « dry » comme les Xérès. Pour les conquérir, à contre-courant des modes, elle créa en 1874 Pommery Brut Nature, le premier champagne brut. Cette création était d'une grande audace car le sucre ajouté dans le champagne permettait de masquer quelques faiblesses du vin. Réduire le sucre signifiait donc améliorer le vin. Et c'est le travail qu'elle entreprit avec beaucoup de succès car elle finit par imposer ce goût du brut nature. Il serait impensable aujourd'hui de déguster les champagnes sucrés du XIXe siècle. À la fin du XXe siècle, la maison Pommery lui rendit hommage en créant deux cuvées, la cuvée Louise en 1998 et la cuvée Louise Rosé en 1999.

C'est aussi à la fin du XIXe siècle, qu'une femme donna son nom à une maison de Champagne qui devint prestigieuse. Mathilde Perrier dirigeait avec son mari, Eugène Laurent, le vignoble A. Pierlot et Cie. À la mort de son mari en 1887, Mathilde assura, seule, la gestion du domaine et créa la marque Veuve Laurent Perrier. Elle mena avec talent le domaine qui, à la veille de la première guerre mondiale, produisait 50 000 caisses, faisant connaître son champagne outre-Manche. Sa fille Eugénie lui succéda mais le domaine était en perte de vitesse. Marie-Louise de Nonancourt lui racheta en 1939 et le dirigea jusqu'en 1949.

Une autre jeune veuve fut à la tête des champagnes Duval, Carole Duval, qui elle aussi, améliora très nettement la qualité de son vin en créant la cuvée Fleur de Champagne.

Ces exemples très remarquables ont-ils donné un élan aux femmes ? Elles ont certainement servi de modèle dans cette région viticole où les femmes ont été plus vite qu'ailleurs reconnues. Le destin de ces femmes d'exception leur a montré que faire du champagne, était très valorisant et beaucoup leur ont emboîté le pas : Marie-Laurence Mora chez Marne et Champagne, Béatrice Cointreau qui a fait progresser les champagnes Gosset, Virginie Taittinger qui, après s'être occupé du marketing de la maison familiale, a créé Virginie T, site Internet de vente de champagne. C'est aussi dans les syndicats et les associations qu'elles jouent un rôle à l'image de ce qui se fait dans les autres régions.

Le XXᵉ siècle, enfin des femmes vigneronnes

D'autres femmes travaillaient dans les domaines, mais le plus souvent dans l'ombre de leur mari ou de leur père et la postérité n'en a pas gardé la trace Pourtant de nombreuses femmes se sont retrouvées à devoir gérer un vignoble alors que rien ne leur laissait présager. À partir de 1914, lorsque les hommes partirent au front, les femmes prirent la relève et la majorité d'entre elles réussirent très bien. Il leur fallut s'en sortir seules puisque tous les hommes valides étaient incorporés et partis sur le front, avec pour seule aide, les vieux et les enfants. Le principal souci de l'État était de ravitailler les hommes en vin, qui allait le faire ? Les femmes qui, quatre ans durant et parfois plus, vendangèrent, vinifièrent – et la première année ce fut dans l'urgence – maintinrent les domaines en état en attendant le retour des pères et des maris. Lorsque la guerre fut finie, beaucoup ne revinrent jamais et, le prix du vin étant au plus bas, de nombreux domaines furent abandonnés. Elles rentrèrent donc dans l'ombre de nouveau pour un long moment. Souvent chevilles ouvrières des domaines, elles travaillaient à côté de leurs maris. Elles accueillaient les clients sur le domaine, se chargeaient des envois et des expéditions, établissaient les factures et relançaient les mauvais payeurs, s'occupaient de la main-d'œuvre saisonnière, les remplaçaient parfois sur les salons. Tout à la fois comptables et secrétaires, standardistes et hôtesses d'accueil, elles avaient souvent en plus leurs propres emplois dont les revenus étaient parfois utiles, souvent indispensables.

L'ouverture du monde du vin aux femmes s'effectua au moment où celui-ci s'ouvrit à des non-vignerons. Dans le sillage de Mai 68 et d'une remise en cause des valeurs, beaucoup s'interrogèrent sur le sens de leur vie et la qualité de leur travail. Elles décidèrent alors d'exercer le métier de leur rêve et tentèrent l'aventure. L'aventure fut aussi tentée en couple. Ce changement apporta un sang neuf, une nouvelle façon de concevoir le partage des tâches sur le domaine. C'est parfois madame, diplômée en œnologie qui règne dans les chais et monsieur qui s'occupe de la commercialisation, c'est le cas d'Isabelle Coustal au Château Sainte-Eulalie en Minervois-La Livinière. Une répartition égale des tâches est pratiquée dans l'esprit d'un vrai travail d'équipe de vrais professionnels diplômés et sur les étiquettes les deux noms sont accolés.

Des domaines difficiles à conquérir

Une des pionnières en ce domaine habita tout au sud de la France, à Banyuls-sur-Mer. Elle fut à l'origine d'un remarquable domaine, celui de La Rectorie. La majeure partie de ce domaine familial fut léguée par l'arrière-grand-mère des actuels vignerons : Thérèse Parcé. Née en 1870, elle se retrouva veuve assez jeune et travailla avec son père, Marcelin Reig qui était vigneron. À la mort de celui-ci, en 1909, elle prit sa suite dans le domaine familial, surveillant les travaux de la vigne, décidant de la date des vendanges et veillant sur la vinification. Dans les vignes et les chais, vigneronne exigeante, elle géra le domaine pendant un demi-siècle. Elle s'éteignit presque centenaire, laissant à ses arrière-petits-fils un des plus beaux domaines de la région qu'ils travaillent avec la même exigence que leur aïeule.

C'est un exemple de celles que j'appellerai les vigneronnes de l'ombre, qui n'ont pu exercer leur talent que lorsque les hasards de la vie les ont mises face à leur destin. Mais qui avaient observé, testé même, enregistré des connaissances qu'elles ont pu mettre en application lorsque leur heure fut venue. Car les hommes ne laissaient pas facilement leur place à des femmes, fussent-elles leurs filles, même si les héritiers mâles faisaient défaut. C'est ce que raconta Jacqueline Cauët dans son livre *Les filles du maître de chai* qui fut adapté pour le petit écran en 1997. Si le propos est romancé, il montre bien cependant la résistance masculine face au désir des femmes d'exercer un métier que l'inconscient collectif avait jugé ne pouvoir être qu'exclusivement masculin. Même s'ils leur reconnaissaient les talents nécessaires pour ce métier, les capacités et les connaissances qui en feraient de bonnes vigneronnes, rien à faire, c'était plus fort qu'eux, la majorité des hommes préféraient vendre leur domaine à un étranger, le confier à un gendre incompétent que le laisser à leur fille ou à leur petite-fille. Je me souviens de ce que racontait Mireille Daret, propriétaire de Cru Barréjats à Illats. Son grand-père était vigneron en Sauternais et n'avait qu'une fille qui avait une profession prenante et ne manifestait aucun intérêt particulier pour le travail de la vigne. Lorsqu'il décida d'arrêter, il ne comprit pas le désir de sa petite-fille de reprendre ses vignes et décida de vendre. Il fallut l'obstination de sa femme qui, prenant fait et cause pour sa petite-fille, fit « grève » de travaux domestiques, pour que, vaincu devant l'ampleur des tâches ménagères qui le dépassait, il finisse par céder et donner ses vignes à sa petite-fille. Bien lui en prit car Mireille Daret élabore des vins absolument remarquables et est une des initiatrices du mouvement Sapros, association de vignerons qui s'interdisent de chaptaliser les vins liquoreux. Et ce n'est qu'un exemple parmi tant d'autres.

Il fallut beaucoup de courage et beaucoup de ténacité aux femmes pour pénétrer le monde fermé du vin, ne pas se décourager quand on leur mettait des bâtons dans les roues. Car il y eut des cas de malveillances, d'agressions beaucoup plus violentes, de vignes saccagées, de propos médisants répandus, de mises à l'écart lors de salons.

Les pionnières, celles qui tentèrent l'aventure dans les années 60-70 ont dû faire tomber bien des barrières et vaincre la misogynie qui régnait dans la viticulture, en général, comme un peu partout dans le monde du travail en France. Mais elles ont réussi car selon les statistiques du ministère de l'Agriculture, un quart des exploitations viticoles est maintenant entre des mains féminines. Il y a vingt ans, les vigneronnes ne dirigeaient que 15 % des domaines viticoles. Quel chemin parcouru !

Faire ses preuves davantage que les hommes

En mars 2008, à la Winery, lors de la journée de la Femme, était organisée une table ronde intitulée « Le Vin au Féminin ». Claire Laval, vigneronne au Château Gombaude-Guillot à Pomerol, faisait remarquer que les viticultrices étaient plus diplômées en général que leurs collègues masculins et que les regards portés sur elles les poussaient à viser l'excellence. Ce à quoi acquiesçaient les participantes à ce débat.

La grande majorité d'entre elles disent qu'elles devaient et doivent toujours faire leurs preuves et montrer de quoi elles sont capables. Que la misogynie est davantage le fait de vignerons que des clients et des commerciaux. Les clientes surtout se sentent davantage en confiance, sont plus rassurées de parler vin avec une vigneronne. Ces dernières en parlent d'une manière plus directe, plus simple, plus spontanée et moins verbeuse que les hommes.

Très déterminées, tenaces et patientes, elles vont de l'avant sans complexes, en faisant preuve de beaucoup de dynamisme. Connaissez-vous Marie-Josée Bireaud ? Sans doute non, c'est une femme discrète, pourtant elle se bat avec toute la force de ses convictions pour faire aller de l'avant dans l'excellence les vins de Duras dont elle préside le syndicat. Elle avait deux handicaps au départ, elle n'était pas du pays – originaire du Nord – elle avait épousé le petit-fils du créateur de l'appellation et elle était ingénieur agronome et pas vigneronne. Vinifier avec son mari les vins d'une des meilleures propriétés de l'appellation provoque des inimitiés et même des hostilités déclarées. Les grandes ambitions dont elle rêve pour Duras se heurtent au conservatisme et aux pesanteurs. Elle a compris beaucoup de choses mais pense un peu plus vite que beaucoup de ses confrères qui renâclent à la suivre quand ils ne bloquent pas ses initiatives.

La difficulté à faire sa place dans cette profession a motivé certaines ; une sorte de provocation à la grande époque des revendications féminines. C'est ce que m'a dit Clotilde Davenne, propriétaire-vigneronne du Domaine Les Temps Perdus à Préhy, obtenir une reconnaissance dans une profession où les femmes étaient traditionnellement exclues sonnait comme un défi à relever. Mais cet état de chose est-il propre au monde du vin ? Je ne le crois pas, le monde du travail est toujours plus exigeant avec les femmes qu'avec les collègues masculins. Les femmes partent souvent avec un handicap, celui d'être femme, surtout lorsqu'elles sont mariées. « Qui va s'occuper des enfants ? » avait subtilement déclaré Laurent Fabius à l'annonce de la candidature de Ségolène Royal à la présidence de la République. C'est qu'il ne connaît pas la capacité très féminine de faire plusieurs choses en même temps et de le faire bien !

La liberté d'innover

Les femmes pénètrent le monde du vin dans les années où souffle un vent de liberté. Elles ont gagné la liberté de choisir leur métier, de l'exercer, de s'affirmer en tant que femme dans un métier d'hommes. Elles ont les exemples de réussites d'autres femmes qui ont conquis des bastions très fermés : l'École polytechnique dont une femme est sortie major, le monde des affaires et de l'industrie où des femmes dirigent de très grandes entreprises nationales ou internationales. L'arrivée des femmes dans le monde du vin est concomitante à leur arrivée massive à des postes de responsabilité dans le monde du travail. Il n'y avait aucune raison que les femmes qui réussissaient dans le monde du travail ne réussissent dans le monde du vin. Il y a des exemples célèbres comme celui de Corinne Mentzelopoulos. Venant du monde des affaires, la maison Félix Potin, elle a racheté les parts qui lui manquaient pour devenir l'unique propriétaire de Château Margaux quand elle a décidé de s'occuper exclusivement de son domaine et de l'élaboration des vins les plus célèbres du Médoc.

Du fait de leur longue mise à l'écart, elles arrivent neuves dans le monde du vin sans préjugés et sans tabous, sans les idées reçues et les traditions du passé. Elles feront de cela un atout, étant par conséquent plus ouvertes aux innovations. Pragmatiques et réfléchies, elles ont été nombreuses à adopter les nouvelles méthodes de la viticulture biologique ou biodynamique, à oser des étiquettes plus artistiques et originales que les étiquettes traditionnelles dans des appellations connues, à s'intéresser à l'œnotourisme.

La culture des vignes en agriculture biologique et encore plus en biodynamie a été adoptée par de nombreuses vigneronnes pionnières. Et parmi elles, les plus grandes à travers toute l'Europe, Marie-Thérèse Chappaz en Suisse, Les Faller, mère et filles en Alsace, Dominique Hauvette aux Baux de Provence qui vinifie ses vins dans des cuves en béton en forme d'œufs, Yvonne Hégoburu du Domaine de Souch en Jurançon, en Espagne, en Italie, aux États-Unis aussi…

« J'essaie aussi d'en finir avec le rapport de force qui régit trop souvent les relations entre le viticulteur et ses vignes. Cette démarche m'a conduite à m'intéresser à la biodynamie. J'ai effectué plusieurs visites dans les vignobles des Côtes du Rhône de la maison Chapoutier, pionnière de ces méthodes culturales douces liant la vigne au cosmos et évoquant l'homéopathie tout en ajoutant une notion spirituelle au travail de la terre. Cela correspond parfaitement à mon désir d'intégrer les vignes », écrit Marie-Thérèse Chappaz sur le site Internet de son Domaine La Liaudisaz. Elles explorent et inventent, dans le domaine de l'œnotourisme, des offres originales à l'instar de ce que font leurs consœurs américaines.

Propriétaire de domaines viticoles en Californie, dans la Sonoma Valley, Marimar Torres a su faire de l'œnotourisme un atout pour ses domaines. En plus de l'accueil des touristes de passage, ont été créées des animations particulières pour les clubs d'amateurs de vins, sous formes de dégustations, de visites des caves, d'ateliers d'assemblage. Marimar Torres propose également des événements exceptionnels liés aux fêtes annuelles : recherche des œufs dans les vignes à Pâques, grands pique-niques géants et dégustations de paella et des voyages dans le vignoble espagnol. Dans cet esprit, les Médocaines accueillent dans leur domaine des ateliers vendange, des ateliers d'initiation à l'assemblage, des cours de cuisine privilégiant les accords mets et vins, des soirées alliant le vin, la littérature ou la musique. C'est une idée assez proche bien que plus classique que trois amies vigneronnes ont initiée dans le vignoble du Muscadet où elles organisent des week-ends exclusivement féminins pour une découverte joyeuse de la vigne et du vin, de la gastronomie et de l'art de vivre du pays nantais.

C'est aussi la Route des Rosés, une course en mer, dans laquelle des vigneronnes en pointe de Provence, Françoise Rigord et Régine Sumeire s'impliquent pour promouvoir le rosé de Provence en redorant son image.

Responsables et impliquées main dans la main avec les hommes

Au niveau des instances régionales, les viticultrices sont très impliquées, élues par leurs pairs à la tête des syndicats régionaux et professionnels et des instances interprofessionnelles. Ces élections montrent qu'elles sont maintenant reconnues et appréciées de tous. À tel point que même dans des instances nationales elles trouvent leur place. Les vignerons ont désigné une femme, Marie-Christine Tarby, présidente de Vin et Société. À elle, le rôle délicat de défendre le vin et les vignerons dans les négociations avec les pouvoirs publics. Elle doit déployer beaucoup de passion et de force de conviction pour avoir un discours juste et trouver les mots convaincants car entre les discours anti-vin, l'importance que prend l'alimentation pour la santé, les problèmes de cépages et d'appellations, les réformes des AOC, il est nécessaire de parler clair et de parler bien du vin et de l'ensemble de la profession.

Main dans la main avec les hommes, les directrices et présidentes des caves coopératives, les œnologues des laboratoires et des grands domaines le sont tous les jours. Et cela fonctionne très bien, rarement contestées ou moquées, leur compétence et leur réalisme sont appréciés des hommes avec lesquels elles travaillent. Même s'il existe une cave coopérative de femmes dans les Corbières, des domaines de femmes dans le Languedoc et dans la Loire.

Sandrine Garbay, l'excellente œnologue de Château Yquem, s'est vue préférer un homme quand le maître de chai a pris sa retraite et a dû patienter encore un an avant de pouvoir postuler pour ce poste lorsque la place a été de nouveau vacante. Elle a gagné le respect et obtenu la confiance de ses collègues, masculins pour la plupart, et élabore dans la sérénité de sublimes vins.

Main dans la main quand elles prennent la suite de leur père. Poursuivre la création des vins ne peut se faire que s'il règne une confiance et une complicité, si auparavant il y a eu un travail en commun. Les vins d'un domaine expriment quelque chose qui va bien au-delà de la personnalité du vigneron ou de la vigneronne. Le vin exprime d'abord en avant tout un terroir, un climat, des cépages. Ensuite apparaît le travail du vigneron (ou de la vigneronne) dans les vignes et dans les chais. Il y a tout cela dans une bouteille, c'est pourquoi dire que les vigneronnes font des vins de femme est une ineptie. Jamais on n'a parlé de vins d'hommes quand il n'y avait que des vignerons qui faisaient du vin. Pourquoi parlerait-on de vin de femmes ? Qu'ont-ils de si différents ? À l'aveugle, personne ne verrait la différence. Quand une œnologue conseille ou fait les vins d'un vigneron ou un œnologue une vigneronne, sont-ce des vins d'hommes ou des vins de femmes ? Diriez-vous que les vins d'Yquem, ceux du Domaine Brocard ou de la cave de Tain-L'Hermitage sont des vins de femmes ? Les vins sélectionnés par Robert Parker sont-ils des vins d'hommes et ceux qu'élit Jancis Robinson des vins de femmes ? Ce serait bien réducteur ! Les femmes ont appris à vinifier avec des hommes et comme tout le monde, elles se sont forgées le goût en buvant des vins élaborés par des hommes et c'est à partir de ces critères, tout comme leurs collègues vignerons, qu'elles ont réfléchi sur la manière de cultiver les vignes, de vinifier, qu'elles ont évolué, fait des choix et créé leurs vins.

Le concept vin de femmes me semble davantage un concept marketing qu'une réalité. Surfant sur l'entrée des femmes consommatrices, les grandes maisons de vin et de négoce ont inventé des marques pour les femmes. C'est ainsi qu'aux États-Unis, les pionniers dans ce domaine, ont été créées les marques Grand Embrace et Mad Housewife répondant à l'idée que les hommes se font de vins pour les femmes : « ni trop intimidant, ni trop compliqué, ni trop cher. Il doit être sympa et relaxant ». Étonnant, non ? D'ailleurs qu'est-ce qu'un vin sympa ? Pas sûr que cela rime avec qualité. Ces vins pour les femmes ne seraient-ils pas une manière de déguiser une production moyenne bien emballée à destination des consommateurs-gogos ? Pas compliqué, ce critère n'est-il valable que pour les femmes ? On l'étendrait volontiers à tous les débutants, tous sexes confondus. Il est évident que lorsqu'on ne connaît pas, on est un peu perdu dans l'univers des vins, comme par tout ce que l'on ne maîtrise pas. Mais ce sont les vins plus complexes qui intéressent et on imagine mal des vigneronnes se contentant de faire des petits vins « sympas et relaxants » alors que certaines comptent parmi les meilleures de leurs appellations.

Ces vins de femmes doivent être une idée d'hommes qui masquent leur condescendance ou leur machisme de cette façon, ou de journalistes en mal de titre accrocheur mais aucun professionnel sérieux ne peut tenir ce discours. À moins que certaines femmes aient trouvé ce moyen pour faire parler d'elles.

D'ailleurs pour couper court à tout discours sexiste sur le vin, donnons la parole à des femmes vigneronnes.

PORTRAITS

Christine Valette
Propriétaire du Château Troplong-Mondot à Saint-Émilion, Christine Valette s'occupe, depuis 1980 de la vinification des vins du domaine. Pionnière à son époque, elle force l'admiration de ses pairs en faisant de ses vins des vins d'exception. Son travail sera récompensé en 2006 lorsque Troplong-Mondot deviendra 1er Grand Cru Classé.

Quelle vision du vin aviez-vous quand vous avez décidé de faire ce métier ?

Uniquement la vision d'une tradition familiale, mais surtout l'image d'une maison d'enfance puisque j'ai grandi à Troplong-Mondot. Je ne buvais pas de vin à l'époque.

Être femme, est-ce un avantage ou un inconvénient ? Le métier valait-il les sacrifices que vous lui avez concédés dans le domaine de la vie privée ou familiale (si sacrifices il y a eu) ?

Être une femme a pu être, à l'époque (au début des années 80) un avantage car j'étais atypique et j'ai peut-être pu ainsi profiter d'un plus grand intérêt que mes amis voisins du même âge.

Mais passé ce premier regard extérieur, le travail et les preuves que l'on doit donner sont les mêmes pour tout le monde. Ainsi je n'ai jamais entendu quelqu'un choisir d'acheter un vin fait par une femme plutôt qu'un autre. Là ne reste que la qualité.

Maintenant votre vision du métier et du vin a-t-elle changé ?

Aujourd'hui ma vision du vin (presque trente ans plus tard) a bien sûr changé : j'adore le vin et c'est une découverte toujours extraordinaire, une éducation que nous faisons en famille.

Que pensez-vous de tout ce qui se dit sur les femmes et le vin, en particulier dans la presse féminine et non professionnelle ?

Le métier a beaucoup changé et de très masculin, il s'est (comme la plupart des domaines) beaucoup féminisé. Aujourd'hui, maîtres de chais, œnologues, journalistes, viticultrices, les femmes sont vraiment partout. La presse n'est que le reflet de cet état de fait.

****

Clotilde Davenne,
Domaine Les Temps perdus à Préhy (Chablis)

Un bac scientifique en poche, Clotilde Davenne obtient en 1983 et 1984, le diplôme national d'œnologie de Dijon et une licence de la vigne et du vin avant de faire une spécialisation dans le commerce des vins. Elle commence sa carrière professionnelle en tant qu'assistant chef de cave en Beaujolais et responsable de microvinification au laboratoire expérimental de Mâcon. Un petit tour aux USA, en Californie chez Deutz Winery *accompagné d'études sur les implantations françaises aux USA, un passage à Paris à l'INAO et à La Villette et en 1989, elle devient chef de cave du Domaine Jean-Marc Brocard à Chablis où elle vinifie 20 000 hectolitres par an. En 2005, elle s'installe chez elle, au Domaine Les Temps Perdus, dix hectares situés sur Saint Bris et Chablis, plantés des cinq cépages de l'Yonne et travaillés en biodynamie. Elle y élabore de superbes vins dont le Saint-Bris, vieilles vignes, classé n° 1 lors du* warm up *du Grand Tasting 2008.*

Quelle vision du vin aviez-vous quand vous avez décidé de faire ce métier ?

Quand je me suis engagée à faire des études d'œnologie pour connaître le vin, ce n'était pas forcément pour faire le vin, même si j'y prends grand plaisir depuis, c'était pour le connaître et devenir experte. Je voulais tout connaître de cette complexité et percer le mystère qui l'entoure. Je voulais approcher le magique, entrer dans son aura et rayonner sa séduction.

Il transforme les hommes et je voulais savoir pourquoi et comment.

Être femme, est-ce un avantage ou un inconvénient ? Le métier valait-il les sacrifices que vous lui avez concédés dans le domaine de la vie privée ou familiale (si sacrifices il y a eu) ?

Être une femme dans le métier n'a pas été facile au départ. Mais être tout court n'est pas facile quand on recherche la reconnaissance et la perfection. Je me suis battue et me bats encore. Maintenant c'est plus mon expérience qui porte mon énergie. Je me suis battue pour apprendre un métier d'homme à l'époque c'était un inconvénient. Je ne savais rien. Maintenant c'est un avantage, je peux m'affirmer par rapport aux hommes car j'avance dans la maîtrise de mon art et l'on m'écoute, on m'interroge. Le regard des autres a changé. Je sors du lot et c'est un avantage. Je m'en sers. Je n'ai plus à prouver mes compétences.

Maintenant votre vision du métier et du vin a-t-elle changé ?

Non, ma vision du vin n'a pas changé. Mais si j'ai voulu apprendre le vin pour « être comme un homme » ou plutôt prouver que je pouvais faire un métier d'homme, maintenant, je voudrais convaincre les femmes que la dégustation et la connaissance du vin est leur affaire et qu'elle peut leur apporter de très grands plaisirs. Faire le vin, c'est bien et c'est mon plaisir de travailler la matière. J'ai les mains noires de tannins et elles sont calleuses, mais je reçois mon salaire en lisant le plaisir dans les yeux des amateurs qui dégustent mes vins

Que pensez-vous de tout ce qui se dit sur les femmes et le vin, en particulier dans la presse féminine et non professionnelle ?

Je trouve que la presse non professionnelle ne parle pas assez des vins. Dans les journaux ou revues, on cite souvent une recette du jour à faire, mais rarement un vin. C'est dommage.

J'ai beaucoup aimé quand mon vin a été cité dans la presse féminine comme « vin à boire entre copine ». La journaliste parlait du Saint Bris et la définition en est très bonne car c'est un vin de soif et de plaisir immédiat que l'on boit sans se prendre la tête. Ce n'est pas un vin qui demande des connaissances livresques. D'ailleurs, peu de monde le connaît car c'est une petite appellation. Pas besoin d'être connaisseur pour boire ce vin ou le déguster. Cela ne veut pas dire que les femmes connaissent moins les vins, mais elles l'abordent différemment. Par le côté sensuel avant tout.

Et le fait d'être un vin de copine, un vin qui ne se boit pas tout seul, qu'on ne réserve pas pour boire « entre connaisseur », au contraire, on aime et on aime partager ce que l'on aime. J'aime bien définitivement cette définition.

****

Paz Espejo

Directrice technique et directrice des achats de la maison de négoce bordelaise Cordier et Mestrezat, Paz Espejo a derrière elle un beau parcours. Après des études de biologie et d'œnologie à la faculté de Bordeaux, elle exerce d'abord comme œnologue en France et en Espagne, travaillant même dans une entreprise de tonnellerie avant d'intégrer quelques grandes maisons bordelaises, Calvet, CA Grands Crus. Brillante et passionnée, elle parle de son métier avec lucidité, intelligence et enthousiasme.

Quelle vision du vin aviez-vous quand vous avez décidé de faire ce métier ?

Je dis toujours que je suis arrivée dans le monde du vin par intuition ou par hasard, ce qui souvent revient au même... Et cela me plaît, car le métier du vin n'est surtout pas un métier de science ou de certitudes, mais un monde de sensations, de passion, d'irrationalité mesurée, de remise en question permanente et de générosité. J'ai eu la chance de « tomber » dans le vin sans aucun *a priori*, tellement ma connaissance sur le sujet était faible. Cela m'a permis de l'appréhender avec un esprit vierge, comme celui des enfants, avec aussi, la capacité d'émerveillement et d'envie de découverte qui leur est caractéristique. En un mot, je n'ai pas vécu le chagrin des illusions déçues, mais plutôt le bonheur des découvertes permanentes.

Être femme, est-ce un avantage ou un inconvénient ? Le métier valait-il les sacrifices que vous lui avez concédés dans le domaine de la vie privée ou familiale (si sacrifices il y a eu) ?

Cela peut être les deux en même temps, les deux états de fait découlant de la même raison : les femmes sont souvent seules dans un monde d'hommes (en tout cas dans nos chers vieux pays vinicoles). Si je pense que c'est bien ou mal ? Personnellement je l'ai vécu comme un avantage. Être seule dans un monde de sensations, de perception, de façons de réfléchir, qui est différent du mien, m'a beaucoup appris à écouter, à respecter, à comprendre, mais aussi à mieux me connaître pour défendre mes propres points de vue et les faire avancer. Quant aux sacrifices, s'il y en a eu, je ne les ai pas vécus ainsi. Peut-être est-ce l'effet du vieil adage « quand on aime on ne compte pas » ?

Maintenant votre vision du métier et du vin a-t-elle changé ?

Certainement. Elle est devenue plus pratique, plus réaliste, je dirais, je suis plus consciente de certaines difficultés, mais en revanche je n'ai pas perdu la passion et l'envie de découverte qui m'a toujours fait aimer ce métier. Je suis chaque jour heureuse que ce que je fais fasse appel à mon intuition et à mes sens et que le vin reste pour moi dans mon métier et en dehors, un objet qui provoque le plaisir, qui incite au partage et à la découverte et qui pousse à la préservation de la richesse culturelle, naturelle et du savoir-faire, quel que soit le pays d'où vient le vin.

Que pensez-vous de tout ce qui se dit sur les femmes et le vin, en particulier dans la presse féminine et non professionnelle ?

Je pense que le sujet est devenu un peu récurrent, même s'il est intéressant car certes, je pense sincèrement qu'il existe des différences entre les hommes et les femmes et cela dans tous les métiers qui impliquent la perception, les sens, le goût. En revanche, je trouve que la presse féminine a tendance à faire des raccourcis, du style l'adjectif apparemment très parlant de « vin féminin ».

Qu'entendent-ils par là ? Je trouve qu'il n'existe pas un goût masculin ou un goût féminin, mais que cela est bien plus complexe ! Ce genre de discussion serait intéressant et salutaire, si en plus, chose qui n'a jamais lieu, on demandait aussi à des hommes, ce qu'ils en pensent et ce que leur apporte le fait de travailler avec des femmes.

****

Isabel Mijares y García-Pelayo

Cette pionnière a derrière elle un formidable parcours professionnel. Diplômée de la faculté d'œnologie de Bordeaux en 1970, elle entame sa carrière en travaillant avec Émile Peynaud. Elle est œnologue conseil, mais aussi fondatrice et directrice du L.A.S. (laboratoire d'analyse sensorielle) à Madrid, expert, professeur et conférencière, rédactrice d'articles et de livres, participe et préside des jurys de dégustation. Elle possède un CV impressionnant et de multiples récompenses et distinctions. Son témoignage est capital compte tenu de son expérience et de sa position de pionnière dans sa profession.

Quelle vision du vin aviez-vous quand vous avez décidé de faire ce métier ?

Tout d'abord j'avais une vision purement scientifique (j'étais déjà licenciée en chimie). Mais je voulais me spécialiser dans quelque chose qui ait de l'âme. C'est pour cela que j'ai choisi le vin. Plus tard le vin a été pour moi autre chose : amour, civilisation, culture, communication, expression culturelle, gastronomique et surtout vie d'une civilisation.

Être femme, est-ce un avantage ou un inconvénient ? Le métier valait-il les sacrifices que vous lui avez concédé dans le domaine de la vie privée ou familiale (si sacrifices il y a eu) ?

Être femme à l'époque où j'ai commencé à travailler dans le vin était surtout surprenant et presque exotique. Je crois cependant que cela était plutôt un avantage qu'un inconvénient. En revanche, à l'époque ce n'était pas facile de concilier la vie privée et familiale avec le travail… mais dans la vie il faut toujours choisir et pour réussir, il faut renoncer à beaucoup des choses. J'ai eu la chance d'avoir d'abord des parents et après un mari et une fille qui ont compris et beaucoup aidé ma carrière. Il y a eu des sacrifices mais pour moi cela a valu la peine.

Maintenant votre vision du métier et du vin a-t-elle changé ?

Oui, énormément, s'occuper du vin est plus qu'un métier, c'est une vocation et il faut réfléchir avant… C'est tout ou rien pour une femme sinon il vaut mieux renoncer… La femme doit démontrer tous les jours ce qu'elle vaut… la société « machiste » est comme ça.

Que pensez-vous de tout ce qui se dit sur les femmes et le vin, en particulier dans la presse féminine et non professionnelle ?

Ils font beaucoup de cinéma, le vin est à la mode et on présente les femmes du vin comme du « glamour », du « snobisme », etc. Je suis avant tout une scientifique qui a toujours cru au vin comme science et art. Et j'ai eu la chance de faire de ma passion ma profession et ma vie. Actuellement la presse mélange tout, mais ce n'est pas complètement mauvais « tant qu'on parle du vin… et des femmes ».

Mon meilleur conseil aux jeunes femmes qui commencent : il n'y a rien impossible pour une femme pourvu qu'elle croie à ce qu'elle fait, mais elle devra choisir toute sa vie…

Iris Rutz Rendel
Domaine de Lisson à Olargues

Quelle vision du vin aviez-vous quand vous avez décidé de faire ce métier ?

J'ai découvert le vin assez tard dans ma vie en arrivant en France, il est devenu autre chose qu'une simple boisson alcoolique, par l'initiation au plaisir de la table. Le vin est un moyen de découvrir une palette énorme de saveurs. Un voyage à travers les régions viticoles, avec leur culture et une réjouissance pour l'œil, le nez et le palais.

Quand nous avons décidé de faire notre propre vin, c'était un peu pour ramener tous ces éléments chez nous, derrière la maison – de faire nous-mêmes le vin que nous aimions boire. Donc un vin, issu de raisins cultivés le plus proche possible de la nature, qui exprime notre terroir, vinifié avec soin et amour en cave, également en respectant l'expression du cépage et du millésime. Donc, tout à fait le contraire d'un produit standard, calqué sur des études de marché et des goûts dans le vent.

Faire un vin qui nous plaît voulait forcement aussi dire : un vin, qui nous ressemble, qui parle de notre colline, de notre travail et de notre philosophie. Un vin, long et parfois capricieux à faire, avec des extractions et macérations longues sans autre fard que celui que peut conférer l'élevage en barrique – mais qui n'est pas là, pour masquer un goût, mais pour aider le vin, à évoluer en douceur, lentement, en lui laissant tout son temps, pour arriver à un équilibre saveurs/tannins, pas clarifié ou filtré, pour garder aussi de la mâche, ce que les Anglais appellent le « mout-feeling », une plénitude, qui fait presque oublier, qu'on voulait le boire… tellement on voudrait s'arrêter sur cette sensation en bouche, qui ramène à la terre.

Le rêve était bien sûr, de rencontrer des personnes, qui pouvaient reconnaître cela, venir voir ce que nous faisons, qui nous sommes, pour ensuite avoir aussi toute la patience, pour apprivoiser nos vins chez eux – lentement – slow…

Être femme, est-ce un avantage ou un inconvénient ? Le métier valait-il les sacrifices que vous lui avez concédés dans le domaine de la vie privée ou familiale (si sacrifices il y a eu) ?
Je pense qu'*a priori*, ce n'est ni un avantage, ni un inconvénient. N'étant que deux, il n'y avait pas de problème de sacrifice ou responsabilité au niveau familial ou vie privée. Les « sacrifices » se présentaient au niveau matériel, il fallait travailler dur sur deux fronts : gagner le financement nécessaire pour démarrer tout en travaillant dans la vigne pendant plusieurs années, avant qu'arrivent les première bouteilles (8 ans), pour montrer, que nous arrivions à réaliser quelque chose d'approchant à notre propre exigence.
La vigne était donc longtemps notre « danseuse », tous les moyens y passaient, aussi bien financiers qu'en force physique. Ayant démarré à 40 ans, nous avions décidé, de la faire passer avant la maison – une énorme ruine. Elles sont toujours là, la vigne avec son combat annuel, et la ruine…

Maintenant votre vision du métier et du vin a-t-elle changé ?
Non, même si je me sens parfois aussi isolée dans ma vision qu'au début…

Que pensez-vous de tout ce qui se dit sur les femmes et le vin, en particulier dans la presse féminine et non professionnelle ?
Je pense que c'est une énorme supercherie du marketing. Vin fruités, légers, de préférence habillés en pink, cela

me donne d'autant plus la nausée, que cela marche apparemment.

Pour moi, la différence des goûts se situe plutôt au niveau de l'initiation au vin, donc de la possibilité, d'en goûter de différentes origines, dans différents contextes et en évoluant avec ses découvertes. Et là, à mon avis, comme pour tout, le mieux devrait toujours être l'ennemi du simplement bon.

Mais comme pour la mode, la cosmétique, même les odeurs de lessive, la publicité influence fortement les modes du goût, l'idée d'être « tendance », de trouver des arômes reproductibles, donc reconnaissables, parce que créés artificiellement en simplifiant. Les victimes ne sont pas seulement les femmes, peut-être un peu plus que les hommes, parce qu'on leur a inculqué, qu'elles sont nulles en vin, même si ce sont elles, qui achètent la majorité des bouteilles consommées dans les ménages, au supermarché. Je profite moi-même du même engouement de la presse pour les femmes et le vin – la femme-vigneron – et il me chagrine, qu'on parle plus de mon mode de vie et de ma féminité, que de mes vins – peut-être parce qu'ils ne rentrent que si peu dans le cliché cité plus haut.

Il n'y a guère de femmes dans le métier de critique du vin (au moins en France), peu de cavistes femmes et peu de sommelières. C'est peut-être la cause du manque de communication autour du vin par des femmes. Sur les forums, il n'y a pratiquement que des hommes qui interviennent. Vu le style des discussions, je les comprends, beaucoup de combats de coqs, des brèves du comptoir ou des classifications au point près – là, je pense vraiment, qu'il y aurait un autre discours, s'il y avait plus de femmes.

Il y a des blogs de vigneronnes, certaines très engagées, cela fait plaisir et elles ne donnent pas l'impression d'avoir été reléguées à l'ordinateur, au bureau, parce que

la femme sait mieux taper de ses dix doigts – elle vont toutes à la vigne.
Mais dans les concours, comme le *Wine Women Awards*, il y a les communicatrices, les femmes du marketing, qui l'emportent – pas les femmes du terrain.

Ce bastion a été le plus difficile à conquérir et il n'a pu être investi que dans le grand élan de libération des femmes. Les premières qui ont osé montrer leurs compétences ont ouvert une voie dans laquelle beaucoup se sont engouffrées avec enthousiasme et passion et ont démontré ainsi que dans ce domaine aussi, les femmes valaient bien les hommes. Des femmes de passion, pleines d'enthousiasme, qui apportent à la profession un sang nouveau, un autre regard, d'autres manières d'aborder le vin. Elles sont très exigeantes et pleines d'ambition dans les engagements qu'elles prennent au sein des diverses instances viticoles. Elles peuvent donc prendre la relève des hommes, fatigués par des luttes incessantes qui doivent être livrées, ou les seconder avec la foi des nouveaux convertis. L'attitude des hommes vis-à-vis des vigneronnes est maintenant beaucoup plus sereine, elles ont gagné leur reconnaissance et leur respect. La récente implication des femmes pourra peut-être insuffler des orientations nouvelles voire les pousser à reprendre des dossiers en les étudiant sous d'autres angles. Le vin est, plus que tout autre aliment, chargé de sens, de symboles, de divin. Il a forgé une culture qui est la nôtre et que beaucoup nous envient, il est source d'échanges, de convivialité et de plaisir.

Plaisir n'est pas un gros mot, le plaisir fait avancer les femmes et les hommes et les aide à vivre.

Chapitre II

SERVIR LE VIN

Quand Madelon vient nous servir à boire
Sous la tonnelle, on frôle son jupon
Et chacun lui raconte une histoire
Une histoire à sa façon
La Madelon pour nous n'est pas sévère
Quand on lui prend la taille ou le menton
Elle rit, c'est tout le mal qu'elle sait faire
Madelon, Madelon, Madelon !
La Madelon, paroles de Louis Bousquet,
musique de Camille Robert (1913)

Dans un univers d'hommes, une femme sert du vin, aimable avec tous et pas farouche, distribuant la boisson qui réconforte, le vin de la convivialité, du plaisir, de la fête. Les femmes donnent à boire comme elles nourrissent les hommes. Les rôles ont été répartis il y a si longtemps que la mémoire humaine ne saurait s'en souvenir, si les récits mythiques n'étaient là pour le rappeler. Les grandes divinités du vin dans le Panthéon grec et romain sont des dieux, Dionysos et Bacchus. D'autres civilisations leur ont préféré des déesses, des femmes initiatrices du vin, distributrices de la boisson magique. En particulier la Mésopotamie, là où est née la culture des fruits de la terre.

Des dynasties babyloniennes à nos jours, les femmes versent le vin lors des cérémonies religieuses, dans leurs foyers et dans les tavernes. Car toujours et partout, les hommes ont éprouvé le désir de se réunir pour boire entre eux dans des lieux spécifiques, exclusivement réservés au service du vin. Les femmes qui y travaillaient souffraient d'une réputation de légèreté, filles faciles à la cuisse légère, qui n'offraient pas que le réconfort du vin à leurs clients. Une idée de plaisir et de compagnie féminine qu'a reprise la publicité pour vanter les mérites des boissons vineuses.

Servir des petits vins dans des lieux populaires, les hommes laissaient cela aux femmes, mais le service des grands vins aux tables royales et aristocratiques était réservé aux échansons, personnel exclusivement masculin. Les grands restaurants, les établissements gastronomiques ont perpétué cette tradition et le service du vin y fut longtemps l'apanage des hommes. Les premières sommelières ont choqué. Des femmes se permettaient de conseiller les hommes sur le choix des vins ! Impensable ! Les temps ont changé, maintenant le service du vin dans les restaurants est bien souvent entre les mains de sommelières aussi jolies que compétentes.

Prendre la plume ou la parole pour parler du vin, les femmes montrent aussi qu'elles savent le faire avec pertinence. Un autre regard est porté, un autre ton employé. Finies les railleries ou les condamnations qui, quand elles existent, sont destinées autant aux hommes qu'aux femmes et venant d'eux comme d'elles.

Au service des Dieux et des Hommes

À Babylone déesses et cabaretières

Les déesses offrent le vin

Ama-Gestin, la mère du cep de vigne, (*gestin* signifiant la vigne) est l'une des plus anciennes divinités du panthéon des Sumériens, la déesse du vin honorée dans son temple en la ville de Lagash. Elle eut une double descendance, Pa-gestin-dug, le dieu du cep de vigne et une déesse aux multiples patronymes qui évoquent la vie et le feu provoqué par le vin. Son patronyme le plus connu est Sabil qui donna naissance à une nombreuse progéniture portant tous des noms de boissons enivrantes. Le vin et l'ébriété sont liés en Mésopotamie comme dans la Perse voisine. Le vin apporte le plaisir et l'ébriété, l'inspiration. Le vin améliore l'existence des hommes, les transportant momentanément hors de leur condition humaine, une idée que reprendra postérieurement l'expression *in vino veritas*. Ce sont, là encore, les dieux et, plus précisément, les déesses qui initient les hommes aux plaisirs du vin.

La mythologie mésopotamienne, dans le grand récit mythique *L'Épopée de Gilgamesh*, donne aux déesses un rôle primordial dans la connaissance du vin et l'apprentissage de son usage. Gilgamesh, roi d'Uruk, en compagnie de son compagnon Endiku, part dans une longue quête dont le but était de devenir des surhommes. Après avoir triomphé de maints terribles adversaires, Endiku meurt et Gilgamesh, confronté à la mort, part à la recherche de l'immortalité. Il doit trouver la Plante de vie qui le rendra éternel. Il la découvre au fond de l'eau mais la perd aussitôt car il n'est qu'un humain qui n'a pas accès à la connaissance suprême. Cependant, lors de sa quête, il va rencontrer une déesse, Siduri Sabitou, la propriétaire des arbustes aux grappes de lapis-lazuli, qui l'ont tant émerveillé. Elle lui apprend que ces arbustes sont des ceps de vigne, également arbres de vie, et les grappes des raisins qui donnent le vin, un breuvage qui ouvre l'accès à des domaines inconnus des hommes. Siduri Sabitou, la cabaretière des dieux, lui verse à boire et l'initie au vin, lui fait découvrir les merveilles que recèle le vin, le plaisir de le boire et le plaisir qu'il procure. Elle lui apprend comment l'apprivoiser pour maîtriser l'ébriété. Et plutôt que de chercher à devenir immortel, un leurre, elle lui conseille d'user de cette boisson pour mener joyeuse vie, de l'utiliser comme remède aux misères et tristesses de la vie.

« Pourquoi donc rôdes-tu Gilgamesh ?
La vie-sans-fin que tu recherches,
Tu ne la trouveras jamais
Quand les dieux ont créé les hommes,
Ils leur ont assigné la mort,
Se réservant l'immortalité à eux seuls,
Toi, plutôt, remplis-toi la panse ;
Demeure dans la joie jour et nuit ;
Fais quotidiennement la fête ;
Danse et amuse-toi, jour et nuit ;
Habille-toi de vêtements bien propres ;
Lave-toi, baigne-toi,
Regarde tendrement ton enfant
Qui te tient par la main
Et fais le bonheur de ta femme serrée contre toi,
Car telle est l'unique perspective des hommes. »

(Tablette 10)

Des cabaretières aux noms de déesses

Siduri Sabitou, la cabaretière des dieux… Sabitou est un nom polysémique, ce que découvrirent un jour des archéologues en déterrant une harpe aux montants sculptés dans les tombes royales de la ville d'Ur. Les sculptures représentaient une procession d'animaux divers dans des attitudes humaines. Fermant la marche, une petite gazelle tenait, entre ses pattes avant, un vase à vin et une coupe. En langue akkadienne, gazelle se dit *sabitu*. Cette petite gazelle était un avatar de la déesse, Siduri Sabitou, dont elle portait le nom, la cabaretière, celle qui sert à boire aux dieux et accessoirement à certains humains.

Est-ce pour cela que, à Babylone, servir à boire paraît être un métier plutôt féminin et bien considéré ? La tradition populaire raconte, en effet, que dans les temps anciens, la reine Ku-Bau, d'humble origine, avait acquis sa popularité et son influence en tant que propriétaire d'une maison de vin, tout comme la fondatrice de la ville de Kish, près de Babylone, qui appartenait, elle, à une ancienne et prospère dynastie. Ce qui séparait la tavernière de la déesse, outre leur condition, était que Siduri Sabitou servait le vin et les cabaretières plutôt de la bière, boisson du peuple en Mésopotamie.

À Babylone, les maisons de vin étaient situées sur les bords de l'Euphrate ou sur les digues bordant les canaux qui traversaient la ville. Le métier était strictement réglementé par le Code d'Hammourabi, roi de Babylone. Ce code contenait quatre paragraphes concernant les cabarets et en particulier la consommation de bière. Toute attitude contrevenante à cette loi était punie de sévères amendes voire de mort pour les fautes les plus graves. Cependant ces lois concernaient seulement la moralité, la paix politique, le respect des traditions religieuses et des règles de pureté rituelle, mais nullement le fait qu'on pût s'enivrer au cabaret, ni que les clients troublassent l'ordre public.

« § 109 : Si une cabaretière dans la maison de qui des fauteurs de trouble ont comploté n'a pas saisi ces fauteurs de trouble et ne les a pas conduits au palais, cette cabaretière sera tuée. »

Une caractéristique frappante de ce code est qu'il n'y paraît que des femmes-taverniers, et que ces tavernes paraissaient aussi être des maisons de plaisir, comme cela se fera ailleurs. Associer le vin et les plaisirs de la chair dans des tavernes semblait être une constante dans tout ce que nous appelons maintenant le Proche-Orient comme cela sera ensuite dans le reste du monde. Des prêtresses-prostituées sacrées d'Ishtar, déesse de l'amour, y retrouvaient leurs clients et l'invoquaient par des psalmodies, la suppliant de protéger leur commerce :

« Ô Ishtar, inscris mon nom et ma taverne sera ta taverne ! Ô Ishtar, prend le pichet et la cuve à presser ! […] Viens, entre dans ma maison, toi et ton compagnon, ton amoureux, ton courtisan ».

On le voit là encore, l'amour et le commerce des corps étaient ouvertement liés au vin. « Mener bonne vie » avait dit Siduri Sabitou à Gilgamesh, et les Mésopotamiens appliquaient à la lettre ce principe, considérant que ce qui était bon pour les dieux devait l'être aussi pour les simples mortels. Le vin et les plaisirs de la chair étaient mêlés dans les tavernes, les rendant infréquentables par les personnes respectables.

Car, il s'en passait de drôles de choses dans les tavernes ! On ne sait si c'est l'ivresse ou l'excitation provoquée par la position des buveuses, penchées en avant et aspirant à l'aide d'une paille la boisson versée dans un grand chaudron, mais une scène sculptée sur une pierre nous entraîne bien loin des conversations policées du Banquet de Platon, se rapprochant davantage des pratiques d'une maison de plaisir

Quoi qu'il en soit, il semblerait que les tavernes étaient considérées comme des lieux importants de sociabilité. La tenancière, à l'instar de Siduri Sabitou, à force d'observation de sa clientèle, acquérait une profonde expérience de la nature humaine. Sa taverne était, paraît-il, utilisée comme étape de réintégration dans la société pour des individus lors de rituels de purification.

Les femmes grecques au service de Dionysos

À Athènes, point de tavernes ! Tout ce qui avait trait au vin était affaire d'hommes. La femme avait le plus souvent un rôle d'intermédiaire, de distributrice de vin. Elle manipulait le vin sans y toucher et le contact entre le vin et la ménade restait sage, sous le regard du dieu. Comme souvent pour tout ce qui touche à la religion, les réalités du culte et l'imaginaire du mythe sont intrinsèquement mêlés.

Condamnation des Ménades

Penthée
« Des cratères remplis sont au milieu des camps
Et chacune de son côté va chercher à l'écart
L'abri où se blottir et se prêter aux hommes,
Se prétendant en proie aux transports sacrés des Ménades,
Quoique Cypris, pour elles, compte plus que Bacchus !...
Quand dans un banquet, le jus de la vigne est versé aux femmes,
C'est, je le déclare, que tout, dans le rite est malsain. »
Tirésias
« Assurément, Dionysos ne saurait obliger une femme à résister à Cypris :
Seule la nature donne une chasteté constante.
Maos soit bien certain que dans l'orgie bachique
Nulle femme de bien ne sera corrompue. »

Le Bouvier
« On ne les voyait point, comme tu le prétends,
Enivrées au cratère, ni au son de la flûte,
Poursuivant en forêt de secrètes amours.
Une prend son thyrse, elle en frappe le rocher :
Il en jaillit un flot d'eau pure ;
Une autre dans le sol plante sa hampe
Et le dieu faut sourdre une source de vin
Celles qui désiraient le blanc breuvage,
Du bout des doigts n'avaient qu'à déchirer la terre
Et voir affleurer un lait abondant.
Du lierre des thyrses ruisselait le miel ! »

Euripide, *Les Bacchantes*,
v 221-225, v 260-262, v 314-317, v 685-687, v 705-710

Cette tragédie *Les Bacchantes* fut jouée pour la première fois à Aulis en 403, période troublée de l'histoire grecque. Euripide, par la bouche de Penthée, condamnait les courses folles des ménades à travers la montagne pour célébrer le culte de Dionysos. Cette nouvelle religion l'inquiétait et pour la combattre, il prétendait que ses rites étaient en totale contradiction avec les règles de la société, malgré les dénégations que lui opposaient son père et un bouvier qui, eux, connaissaient la réalité des rites et avaient compris l'importance de Dionysos et surtout du don qu'il faisait aux hommes : le vin. En donnant de ces cultes une vision sauvage et dégénérée, en suggérant que ce n'étaient que des occasions pour les femmes de se livrer à toutes sortes de débauche d'ordre sexuel ou d'être les victimes des frénésies de mâles enivrés, les Grecs transformaient des rites mystérieux, en rites dangereux pour l'équilibre des familles et de la cité en général. Il fallait mettre bon ordre à cela.

Le culte du vin, lié à Dionysos, s'étendit dans toute la Grèce métropolitaine, à Athènes et à Delphes où Dionysos et Apollon se partageaient l'année. L'établissement de ce culte peut être mis en parallèle avec le désir politique de créer une manière de vivre, une société harmonieuse dont les rites et les pratiques du vin serviraient d'exemple, un art de vivre dans la polis qui deviendra le modèle à cette époque. Dans la cité grecque, les cultes religieux organisaient le calendrier des fêtes et des processions, ils tenaient donc une place extrêmement importante. Le culte de Dionysos abandonnait les contrées sauvages et les rites nocturnes et mystérieux pour devenir un culte urbain, organisé. Suivant les conseils du Bouvier dans son apostrophe à Penthée : « Ce dieu-là, quel qu'il soit, mon seigneur, ouvre-lui l'accès de la ville, car il est grand en toutes choses. »

Alors, les ménades disparurent, réintégrèrent leurs foyers, là où était leur place, leur enthousiasme et leur frénésie furent canalisés au profit des fêtes civiques et religieuses du vin : distributions de vins, banquets et festins où les manières de boire furent ritualisées et l'ivresse réglementée, selon une mise en scène codifiée. Aristote était passé par là, les festins et les spectacles, pratiques spectaculaires d'où étaient exclues les femmes, servirent de catharsis à l'ensemble des citoyens. En revanche, cette catharsis, qui leur était offerte par les danses et les sorties hors de leurs foyers, leur fut ôtée, il ne leur resta donc plus qu'à ronger leur frein ou boire en cachette. Car chez les hommes, l'ivresse féminine engendrait des fantasmes, une femme ivre pouvait s'adonner à des déviances de toutes sortes et les plus dangereuses, les plus graves étant d'ordre sexuel comme nous l'avons déjà vu.

Qui étaient les ménades ?

Les ménades avaient très mauvaise réputation. D'abord leur nom vient de *oinados* : agité, de transports furieux, excité par le vin, alors que le vin ne constituait pas, semblait-il, la voie privilégiée d'intégration au thiase dionysiaque qui était une assemblée de fidèles. Mais le comportement des ménades avait de quoi intriguer et choquer. Ces femmes se livraient nuitamment à de bien étranges rites. Elles quittaient leurs maisons à la tombée du jour et partaient courir dans des endroits retirés et sauvages en poussant des cris et en dansant jusqu'à l'extase au son du tambourin de la lyre et des flûtes. Et à ce moment dans un état second, elles attrapaient des petits animaux et les dévoraient tout crus ! On dit même qu'elles dévoraient aussi leurs propres enfants. Peu importe… Et dans cet état d'inconscience, elles devaient aussi se livrer à la débauche, lors des orgies célébrées dans les grottes ! Elles perturbaient l'ordre de la cité et les rites qu'elles pratiquaient et qui transgressaient les normes étaient considérés comme dangereux pour l'équilibre de la cité. En effet, qui trouvait-on dans les thiases de Dionysos ? En majorité, des non-citoyens – étrangers, esclaves et femmes – qui tenaient un rôle important dans les premiers cultes de Dionysos. Sous l'égide de Dionysos, se créa une sorte de rituel d'inversion, les pratiques cultuelles fournissaient sans doute aux femmes les rares occasions de quitter leurs maisons et leur offraient des occasions exceptionnelles de tenir un rôle à l'intérieur de la cité. C'est peut-être cette transgression qui marqua les esprits et entraîna la réprobation générale des rites dionysiaques. Il convenait de vite remettre chacun à sa place. Des non-citoyens tenant un rôle dans les pratiques religieuses ! Et pourquoi pas aussi dans la vie de la cité ? Quand on veut tuer son chien, on dit qu'il a la rage ! En comparant les ménades aux pires débauchées pratiquant des rites inavouables, les Grecs voulaient provoquer une réprobation générale et donc arriver ensuite à transformer le culte dans l'intérêt général de la cité. Or jamais les ménades ne touchaient au vin, leur enthousiasme venait de leurs chants et de leurs danses, un peu à la manière des derviches tourneurs. Privées de culte, elles n'eurent pas non plus de fonctions spécifiques liées au vin dans le culte de Dionysos.

Les prêtresses offrent le vin

Quelques siècles plus tard, le culte de Dionysos s'est civilisé. L'ivresse était inconcevable pour la prêtresse d'un dieu, fût-il celui du vin. Les nouvelles bacchantes du culte civique de Dionysos participaient sagement aux processions des fêtes ritualisées et se contentaient de distribuer le vin. Lors des Anthestéries, elles effectuaient le mélange du vin et le distribuaient aux Athéniens. Le goûtaient-elles, vidaient-elles des coupes le jour de l'ouverture des jarres où tout le monde buvait beaucoup ? Seules les peintures sur vases, source d'informations remarquable et assez bien lisible, peuvent nous répondre. Et aucune peinture de vase ne représente une officiante en train de boire. La main, qui tient le vase et se tend vers le cratère, va effectuer le mélange du vin distribué aux participants de la cérémonie. Si elle tient à la main une œnochoé, elle n'en goûtera pas le contenu qui est réservé au dieu. La femme distribuait le vin mais ne le buvait pas lors des fêtes civiques ; la prêtresse de Dionysos restait une intermédiaire entre le dieu et les hommes à qui elle offrait le vin, don du dieu et réservé aux hommes.

Sur des coupes, les ménades groupées autour de Dionysos sont souvent représentées dansant et distribuant le vin. Lors de certaines fêtes religieuses, comme celle des Choes, la fête de l'ouverture des jarres, les prêtresses se livraient à des danses bachiques qui évoquaient les premiers rites du culte nocturne de Dionysos, puis elles distribuaient le vin aux fidèles qui assistaient au sacrifice. Au mélange du vin et de l'eau, le jour de la fête des Choes, à sa distribution par la ou les prêtresses de Dionysos se mêlaient les danses archaïques autour du cratère. Ces danses relevaient déjà du folklore mais permettaient de perpétuer la légende tout en montrant une continuité dans les nouveaux rites du culte contemporain. D'autant qu'à cette époque, les auteurs se délectaient de récits de scènes dionysiaques largement corrigées pour correspondre à un idéal politico-religieux :

« Et voici que l'un, dégorgeant le breuvage ensorceleur de Bacchus, se mit à faire la pirouette en exécutant sur ses jambes de bondissantes virevoltes tour à tour sur le pied droit, puis sur le pied gauche : ses lippes velues ruisselaient du breuvage de Bacchus. Cet autre bondit en l'air sous l'aiguillon lancinant de l'ivresse, dès qu'il entendit la peau de bœuf mugir terriblement sous les coups. Celui-ci qui avait avalé à flots, sans retenue, le vin guérisseur de tout mal, avait sa barbe noire rougie par la boisson vermeille.

L'un levait un regard vacillant vers le haut d'un arbre et lorgnait une Nymphe sans bandeau qui se montrait à demi, tout près de lui ; et il allait grimper jusqu'au sommet des feuillages dans la forêt montagneuse en s'aidant des ongles crochus de son pied mal assuré, si Dionysos ne l'avait retenu. Près d'une source, cet autre, l'esprit excité par l'ivresse, bondissait dans son égarement à la poursuite d'une Naïade des eaux dévêtue et il aurait saisi la nageuse de son bras velu si elle ne l'avait prévenu en plongeant au fond du courant. Dionysos est le seul buveur de vin à qui Rhéa a donné l'améthyste qui préserve des fatales fureurs de l'ivresse.

La foule des Satyres cornus, entraînés d'un pied joyeux dans les ébats de la danse, se livra à la fête. L'un d'eux, le cœur enflammé par ce dard nouveau qui le portait aux amours, prit de son bras velu une Bacchante par la taille. Un autre, tourmenté par l'aiguillon de l'ivresse qui égare les sens, saisit la chaste ceinture d'une jouvencelle ignorante de l'hymen ; il lui arracha ses voiles pour soumettre à Cypris la vierge indocile et, d'une main folle de désir, effleura ses cuisses roses. Celui-ci, malgré sa résistance, attira vers lui une jeune myste qui allumait pour Dionysos la torche des danses nocturnes, tandis qu'un autre, avançant des doigts précautionneux vers sa poitrine, pressait les généreux contours de sa gorge ferme.

Et, après la fête célébrant sa douce vendange, Dionysos, exultant de joie, regagna l'antre de la déesse Cybèle en tenant des rameaux chargés de grappes dans sa main amie du pampre en fleur ; et il enseigna à la Méonie ses rites qui ignorent le sommeil. »

Nonnos de Panopolis, *Les Dionysiaques* (chant XIII)

Dans le pays où un dieu est venu donner aux hommes la boisson qui leur procure l'oubli des peines et des vicissitudes de la vie, leur a appris à cultiver la vigne, à vendanger et à faire le vin, le vin reste une affaire d'hommes. Comme elles étaient exclues des banquets civiques et de la consommation publique du vin, elles étaient tenues à l'écart des vignes et des chais. Lors des vendanges, elles préparaient les repas des vendangeurs et leur servaient à boire, lors des fêtes religieuses elles mélangeaient le vin et l'offraient aux dieux et aux hommes. L'antiquité grecque ne leur offrait qu'un rôle de distributrices de vin, pas de consommatrices.

Cabaretières à Rome

Les bacchanales romaines, dont le dieu servait de prétexte à des débauches telles qu'elles furent interdites, laissèrent à la postérité un sens nouveau au mot orgie. Et Bacchus alourdi par le vin se promenait sur son char tiré par des panthères tandis que ses cortèges de satyres et de pans libidineux jouaient de la flûte et que des ménades vêtues d'une nébride dansaient autour du char. Une légende abâtardie qui tient plus du folklore que de la religion. Et pourtant, par Bacchus, que le vin était important dans l'Italie romaine !

Les grands propriétaires terriens vendaient les produits de leurs domaines, légumes, fruits et vins dans des boutiques en ville, lequel commerce pouvait être tenu aussi bien par un esclave qu'une esclave. Pompéi qui conserve des vestiges remarquables sous la lave, apporte des informations très intéressantes. Sous l'Empire romain, les tavernes étaient nombreuses et très fréquentées par le peuple. Beaucoup étaient tenues par des femmes, femmes de commerçants ou d'artisans. Une fresque représente une cabaretière, une certaine Valeria Hedone qui interpelle les passants en ces termes : « beau militaire, on boit ici pour un as. Avec deux, on boit le meilleur. Avec quatre, du falerne », ce qui prouve que l'on ne servait pas que des petits vins dans ces tavernes. Grâce à ces peintures de la vie quotidienne, rendues à la manière des bandes dessinées, les manières de la vie quotidienne restent très vivantes.

Les tavernes, nommées *popinae* ou *œnopolia*, étaient situées le long des axes routiers, sur les ports, partout où il était possible d'attirer des hommes seuls, contents de trouver une compagnie. Tenues par des hommes ou des femmes, elles employaient des filles qui servaient le vin aux clients, les incitaient à boire et buvaient avec eux, s'adonnant à d'autres plaisirs. L'ambiance de ces lieux est assez facile à imaginer : des graffitis obscènes ornaient les murs et parfois même dans des maisons de niveau plus élevé, des peintures pornographiques. L'une, très osée, reprend le thème de la grossière sculpture de Babylone, représentant une femme dévêtue, penchée en avant pour déposer une coupe sur une table base, livrée à la concupiscence masculine. Toujours l'union de Vénus et de Bacchus ! Une représentation et un thème éternels.

La réputation des tavernes fut, dès l'origine, assez mauvaise. Elles étaient le lieu où se réunissaient des hommes seuls, des voyageurs et des vagabonds de toutes origines. Ils y combinaient des coups et s'y livraient à des trafics de toutes sortes. Les taverniers étaient accusés de mœurs inavouables en raison des débauches réelles ou supposées auxquelles il était possible de se livrer dans leurs établissements. Si des femmes tenaient ces établissements, il était difficile de faire la différence parfois entre une tavernière et une maquerelle.

Et bien évidemment, le personnel féminin qui y était employé se composait davantage de filles aventureuses et de peu de vertu cherchant là argent facile à gagner et compagnons de plaisir que de sages servantes. Qu'il y fût ou non servi du vin, la réputation de ce type d'établissement ne trouva jamais grâce aux yeux des honnêtes gens.

Bacbuc et la Dive Bouteille

À mi-chemin entre la prêtresse et la cabaretière des dieux, Rabelais a créé le personnage de Bacbuc. Bacbuc signifie bouteille en hébreu. Bacbuc est la Dame d'honneur de la Dive Bouteille et la Pontife de tous les mystères. C'est à ce titre qu'elle a initié Panurge dans sa quête. Amené par la reine des Lanternes au temple de la Dive Bouteille, confié à Bacbuc, Panurge descend dans une salle située à cent huit marches de profondeur – 108 est le nombre mystique qui engendre l'âme du monde, selon Platon dans le Timée. Panurge peut enfin invoquer la Dive Bouteille :

Ô Bouteille
Pleine toute
De mystères
D'une oreille
Je t'écoute :
Ne diffère,
Et le mot profère
Auquel pend mon cœur.
En la tant divine liqueur,
Qui est dedans tes flancs reclose,
Bacchus, qui fut d'Inde vainqueur,
Tient toute vérité enclose.
Vin tant divin, loin de toi est forclose
Toute mensonge et toute tromperie.
En joie soit l'âme de Noach close,

Lequel de toi nous fit la tempérie.
Sonne le beau mot, je t'en prie,
Qui me doit ôter de misère.
Ainsi ne se perde une goutte
De toi, soit blanche, ou soit vermeille.
Ô Bouteille
Pleine toute
De mystères,
D'une oreille
Je t'écoute :
Ne diffère.

« Trinch » est la réponse de l'oracle. Bois ! Aussitôt Bacbuc, offrant à Panurge du vin de Falerne, lui explique cet oracle, occasion pour Rabelais de reprendre les idées des philosophes grecs, « dans le vin, la vérité », le vin peut amener l'homme à un état de clairvoyance qui lui permet de comprendre et de décider, puisque là est la question de Panurge :

« Et ici maintenons que non rire, ains boire est le propre de l'homme, je ne dis boire simplement et absolument, car aussi bien boivent les bêtes, je dis boire vin bon et frais. Notez, amis, que de vin divin on devient, et n'y a argument tant sûr, ni art de divination moins fallace. Vos académiques l'affirment, rendant l'étymologie de vin, lequel ils disent en grec oinos, être comme vis, force, puissance, car pouvoir il a d'emplir l'âme de toute vérité, tout savoir et philosophie. Si vous avez noté ce qui est en lettres ioniques écrit dessus la porte du temple, vous avez pu entendre qu'en vin est vérité cachée. La dive Bouteille vous y envoie : soyez vous-même interprètes de votre entreprise ».

Le cinquième Livre, 1564

Fin connaisseur des classiques, Rabelais reprend la thèse des philosophes grecs qui voyaient dans l'absorption de vin un moyen de côtoyer le divin et de parvenir à la connaissance de ce que l'on cherche. Et Bacbuc telle Siduri Sabitou initie Panurge à la connaissance par le vin, des mystères de la vie et des plaisirs bachiques.

Terminé, le service divin

À la différence de la Mésopotamie, le vin était en Occident à l'époque de Rabelais, une boisson très répandue dans tous les milieux et les manières de boire n'étaient plus ritualisées, hormis lors des services religieux. Boire était un acte quotidien aussi ordinaire que manger. Les lieux où l'on buvait, tavernes, cabarets étaient partout et les femmes y offraient aux hommes, par l'intermédiaire du vin, sinon la connaissance, du moins le plaisir et le réconfort. Le vin avait toujours une valeur commerciale importante et l'extension des vignobles en Europe allait de pair avec la création de vins réputés dont souvent les femmes furent les ambassadrices efficaces.

Aristocrates et VRP

Jusqu'à la Révolution française, les producteurs de vin furent, en majorité, de grands seigneurs aussi bien laïcs que religieux. Ils étaient les seuls à pouvoir dégager suffisamment d'argent pour créer des vignobles dont la majeure partie des récoltes était dévolue à leur consommation privée et qui ne devenaient rentables qu'au bout de quelques années. Ceux qui possédaient l'argent et une main-d'œuvre gratuite étaient les seigneurs ecclésiastiques dont nous avons parlé et l'aristocratie foncière. Les aristocrates, ainsi que le conseillait plus tardivement Olivier de Serres, prenaient grand soin de leur vigne qui devait être vue des fenêtres du château et faisait l'objet de beaucoup d'égards. Ces seigneurs, ayant le souci de produire des vins de qualité, pratiquaient une viticulture soignée et souvent innovante, choisissaient avec soin des cépages fins. Ils furent à l'avant-garde des progrès de la vinification et des vins de crus. On ne peut imaginer les femmes de la noblesse ignorer le vin, un produit culturel, souvent excellent et de si bon rapport.

Les membres de cette aristocratie buvaient quotidiennement du vin, comme nous le verrons plus loin, et les femmes étaient les ambassadrices actives des vins de leur domaine. Lorsqu'elles étaient reines, les intérêts économiques de leur pays d'origine ou de celui qui les accueillaient leur tenaient à cœur. Car les reines, mariées à des princes étrangers, voyageaient loin de leur terre natale et les vins de leurs régions les accompagnaient. La reine Mahaut d'Artois, par exemple, épousa en 1281, Othon IV, comte palatin de Bourgogne qui possédait, en plus de ses possessions bourguignonnes, des vignobles en Arbois. À la mort de son époux, elle prit le titre de comtesse d'Artois et de Bourgogne Palatine et dame de Salins. Elle faisait livrer régulièrement des vins d'Arbois et de Château-Chalon dans ses résidences d'Artois. Là, elle servait ses vins d'Arbois, si réputés déjà, à sa cour et aux hôtes de sa table. Sa fille Jeanne et sa petite-fille Marguerite continuèrent cette œuvre de promotion de leurs vins. Jeanne, reine de France, reprit, lorsqu'elle devint veuve, la mise en valeur de ses vignobles et fit dans son Château de Bracon une large consommation de vin d'Arbois qu'elle offrait à tous ceux qui partageaient sa table. Marguerite, comtesse de Flandres par mariage, continua à prendre soin de ses vignobles d'Arbois qu'elle faisait envoyer dans sa résidence flamande.

Ces vins livrés en grandes quantités en leur demeure n'étaient pas destinés à leur seule consommation personnelle, qui restait insuffisante pour vider les tonneaux. Mais elles ne manquaient pas de les faire servir quand elles recevaient des hôtes étrangers, d'en offrir à ceux qu'elles désiraient honorer ou pour consolider des alliances. Une subtile manière de faire connaître et apprécier leurs vins dont elles connaissaient l'intérêt et la valeur marchande. Les hôtes, conquis par la découverte de ces vins de qualité, pouvaient devenir des clients réguliers. Elles favorisaient ainsi la promotion et la diffusion des vins de leurs vignobles.

Beaucoup plus tard, lorsque les aristocrates vivaient à la cour, elles usèrent de leur influence auprès du roi pour faire connaître et diffuser leur vin préféré. Ce fut le cas à Versailles lors de la bataille entre le bourgogne et le champagne. La maréchale d'Estrées, bien en vue à la cour, aimait à boire du Sillery le vin de la propriété familiale, qui fut appelé le vin de la Maréchale, puisqu'en bonne ambassadrice, elle l'avait fait entrer à la table royale. Pour boire ce vin frémissant et vivant, on inventa des coupes qui furent soufflées en prenant pour modèle, dit-on, les seins de la belle Madame de Montespan. La légende est délicieuse et le geste généreux, laissant la postérité rêver aux tétons de la favorite du roi. Plus tard, Madame de Pompadour, à qui l'on n'en rebattait pas en matière de galanterie, disait du champagne qu'il était le seul vin qu'une femme puisse boire sans s'enlaidir, qu'il faisait briller les yeux, monter le rose aux joues et le rire aux lèvres. Toute timidité disparaissait, faisant jaillir confidences et audaces à l'instar de cette mousse qui débordait des coupes ou des flûtes. Argument imparable où la légèreté le disputait à l'esprit.

Ces raisonnements irrésistibles jouèrent certainement en faveur du champagne dans la grande lutte qui l'opposait au XVIIe siècle aux vins de Bourgogne. Et le sacre des rois à Reims permettait aux grands seigneurs, possesseurs de vignobles champenois, de mettre en avant leurs vins, les seuls qui pétillaient de manière si spirituelle.

Cette manière de faire ne fut pas propre au grand siècle. Au milieu du XXe siècle, Odette Pol Roger était une grande amie de Sir Winston Churchill. Cette amitié ouvrit le marché britannique aux vins de la maison familiale, Winston Churchill ayant déclaré que la maison Pol Roger était « l'adresse la plus délectable » qu'il connaissait.

À la taverne et dans les guinguettes…

Pouvait-on en dire autant des tavernes et cabarets populaires ? En Gaule, les premières tavernes n'étaient que des débits de boisson où l'on venait chercher son vin au jour le jour tendant son broc au tavernier qui le remplissait au tonneau. Lorsque la viticulture s'étendit, les tavernes devinrent le débouché obligatoire d'un commerce du vin. La loi franque perpétua les habitudes de la Gaule en interdisant aux clients de s'asseoir pour consommer du vin. Puis, peu à peu, des tables apparurent ainsi que des bancs et des chaises et on allait toujours prendre son vin au tonneau.

À partir du XVIIe siècle, les classes aisées aimaient se divertir au cabaret, laissant les tavernes aux petites gens. Le cabaret était le plus souvent tenu par une femme. Ce débit de boisson était souvent la propriété d'un couple, la femme pouvait donc y travailler et servir les clients. L'hôtesse de Diderot buvait, en compagnie de Jacques et de son maître, du vin de Champagne en devisant sagement. Toutes les hôtesses n'étaient pas aussi sages et certaines contrevenaient aux règlements assez stricts qui décidaient des heures d'ouverture des cabarets. L'une d'elle, pour occuper les hommes pendant que leurs femmes étaient à l'office, ouvrit un dimanche matin son estaminet situé à Écully, près de Lyon ce qui lui valut de recevoir la visite de la maréchaussée qui verbalisa en ces termes :

« Le 5 septembre 1773 entre deux heures et demie de relevée et trois heures un quart pendant le chant des vêpres sur réquisition du procureur fiscal Jean François

Chevrillon capitaine châtelain entreprend la visite des cabarets du même Écully. Au domicile de Badon, vendant du vin, la femme Badon a accueilli neuf personnes avec des chopines, bouteilles et verres sur les tables, buvant et causant, faisant un murmure qui pouvait s'entendre de l'église. »

Les femmes n'y furent pas dans un premier temps admises comme clientes mais comme servantes. Ces dernières souffrirent très vite d'une réputation de filles aux mœurs assez légères plaisantant avec les clients, parfois buvant avec eux et ensuite n'hésitant pas à satisfaire d'autres désirs. Seules femmes dans un univers d'hommes avinés, elles nourrissaient tous les fantasmes et les on-dit. Cette mauvaise réputation dont jouissaient les cabarets venait aussi du fait que les classes aisées venaient s'y encanailler et jouer en misant de l'argent ce qui provoquait des bagarres. Dans un cabaret, un fils de riche famille, accompagné d'une courtisane, faisait une partie de prime, ancêtre du poker. Il perdit et se fit plumer par l'amant de la courtisane qu'elle ne quittait pas des yeux et qui trichait. Elle fit apporter du vin par une servante, tous deux contribuant à détourner l'attention du jeune homme. C'est ce que raconta Georges de la Tour avec son tableau *Le tricheur à l'as de trèfle*. Vin, jeu et concupiscence perdirent les hommes naïfs et inexpérimentés.

Lorsque les tavernes et cabarets furent remplacés par les cafés, les servantes laissèrent leurs places aux garçons de cafés. Ce ne fut pas le cas des brasseries qui servaient des clientèles d'habitués et où les femmes continuèrent à servir aux clients le vin et la bière, provoquant le dédain de certains qui n'hésitaient pas à fulminer contre ces endroits qui sentaient le soufre en raison de cette présence féminine ! Et pourtant, la plupart du temps, les servantes de cabarets et de cafés étaient d'honnêtes filles, aimées des clients et respectées.

S'ils usaient parfois de familiarité, ils n'étaient pas grossiers avec elles. Chantées par les poètes, courtisées par les clients, ces servantes sont presque devenues au fil des temps, des personnes de légendes incarnées par la Madelon et décrites par tant de poètes :

« Ami, partez sans émoi ; l'Amour vous suit
Pour faire fête à votre belle hôtesse.
Vous dites donc qu'on aura cette nuit
Souper au vin du Rhin, grande liesse
Et cotillon chez une poétesse.
Que j'aime mieux dans les quartiers lointains,
Au grand soleil ouvert tous les matins,
Ce cabaret flamboyant de Montrouge
Où la servante a des yeux libertins !
Vive Margot avec sa jupe rouge !

On peut trouver là-bas, si l'on séduit
Quelque farouche et svelte enchanteresse,
Un doux baiser pris et donné sans bruit,
Même, au besoin, un soupçon de caresse ;
Mais, voyez-vous, Margot est ma déesse.
J'ai tant chéri ses regards enfantins,
Et les boutons de rose si mutins
Qu'on voit fleurir dans son corset qui bouge !
Sa lèvre est folle et ses cheveux châtains :
Vive Margot avec sa jupe rouge !

J'ai quelquefois grimpé dans son réduit
Où le vieux mur a vu mainte prouesse.
Elle est si rose et si fraîche au déduit,
Quand rien ne gêne en leur rude allégresse
Son noble sang et sa verte jeunesse !
Le lys tremblant, la neige et les satins
Ne brillent pas plus que les blancs tétins

Et que les bras de cette belle gouge.
Pour égayer l'ivresse et les festins,
Vive Margot avec sa jupe rouge !

Prince, chacun nous suivons nos destins.
Restez ce soir dans les salons hautains
De Cidalise, et je retourne au bouge,
Aux gobelets, aux rires argentins.
Vive Margot avec sa jupe rouge ! »

Théodore Faullin de Banville, 1823-1891

Dans les guinguettes, la canaillerie y était bon enfant. On s'y rendait en famille le dimanche pour manger des fritures de poisson et boire le petit vin blanc sous la tonnelle. Les jeunes servantes, filles du village, y gagnaient leur vie honnêtement, même si elles se laissaient conter fleurette ou séduire par de fringants jeunes hommes. Elles étaient là pour servir à manger et surtout à boire. Les clients folâtraient, canotaient, dansaient et elles offraient des vins et des liqueurs. Elles étaient gaies, mignonnes et ne faisaient pas de manières.

… et autres lieux

Dans ces autres lieux, le spectacle était moins joyeux, et touchait parfois au sordide. Ces lieux appelés cafés louches, bordels, maisons de tolérance ou de plaisirs selon leur niveau, employaient des filles dont l'une des principales fonctions consistait à faire boire les clients et à boire avec eux. L'échange se faisait uniquement par le vin et le sexe. La littérature, en particulier Maupassant, a peint les bordels de campagne, lieux de rencontres et de sociabilité, où les notables venaient passer la soirée. La propriétaire ayant le droit de servir des boissons alcoolisées, les hommes discutaient avec Madame, sirotaient leurs liqueurs en lutinant les filles, montaient parfois avec elles dans une chambre et à minuit, chacun rentrait chez soi. Ces endroits ressemblaient aux maisons de tolérance des villes, plus grandes, plus luxueuses, très fréquentées et dont Toulouse-Lautrec a si bien rendu l'ambiance. Dans ces dernières, les filles buvaient avec leurs clients du champagne, du bourgogne et des liqueurs comme la chartreuse en essayant de vider le verre dans les plantes vertes ou en le laissant plein :

« Fernande et Madame restèrent seules avec les 4 hommes et M. Philippe s'écria : "Je paye du champagne, Madame Tellier envoyez chercher 3 bouteilles." Alors Fernande l'étreignant lui demanda dans l'oreille : "Fais-nous danser, veux-tu ?"
Il se leva et, s'asseyant devant l'épinette séculaire endormie dans un coin, fit sortir une valse, une valse enrouée, larmoyante, du ventre de la machine. La grande fille enlaça le percepteur, Madame s'abandonna aux bras de M. Vasse ; et les deux couples tournèrent en échangeant des baisers. M. Vasse, qui avait jadis dansé dans le monde, faisait des grâces et, Madame le regardait l'œil captivé, de cet œil qui répond « oui », un oui plus discret et plus délicieux qu'une parole.
Frédéric apporta le champagne, le premier bouchon partit et M. Philippe exécuta l'invitation d'un quadrille. Les quatre danseurs le marchèrent à la façon mondaine, convenablement, dignement, avec des manières, des inclinations et des saluts. Après quoi l'on se mit à boire. Alors M. Tournevau reparut satisfait, soulagé, radieux. Il s'écria : "je ne sais pas ce qu'a Raphaëlle, mais elle est parfaite ce soir." Puis, comme on lui tendait un verre, il le vida d'un trait en murmurant : "Bigre, rien que ça du luxe." Sur le champ, M. Philippe entama une polka vive, et M. Tournevau s'élança avec la belle Juive qu'il tenait en l'air sans laisser

ses pieds toucher terre. M. Pimpère et M. Vasse étaient repartis d'un nouvel élan. De temps en temps, un des couples s'arrêtait près de la cheminée pour lamper une flûte de vin mousseux, et cette danse menaçait de s'éterniser quand Rose entrouvrit la porte avec un bougeoir à la main.
"Je veux danser, cria-t-elle".
Elle saisit M. Dupuis, resté sans emploi sur le divan et la polka recommença.
Mais les bouteilles étaient vides : "J'en paye une", déclara M. Tournevau. "Moi aussi", annonça M. Vasse. "Moi, de même" conclut M. Dupuis. Alors tout le, monde applaudit.
À minuit, on dansait encore. Parfois une des filles disparaissait et quand on la cherchait pour faire un vis-à-vis, on s'apercevait tout d'un coup qu'un des hommes aussi manquait... Tous à tour de rôle montaient voir dormir M. Poulin avec l'une ou l'autre des demoiselles qui se montrèrent cette nuit-là, d'une complaisance inconcevable. Madame fermait les yeux...
Enfin à une heure, les deux hommes mariés, M. Tournevau et M. Pimpesse, déclarèrent qu'ils se retiraient et voulurent régler leur compte. On ne compta que le champagne et encore, à 6 francs la bouteille au lieu de 10, prix ordinaire. Et comme ils s'étonnaient de cette générosité, Madame, radieuse, leur répondit : "ça n'est pas tous les jours fête". »

Guy de Maupassant, *La Maison Tellier*

Alors que, dans les établissements de seconde zone, la réalité était moins souriante. Les filles qui travaillaient dans les cabarets et cafés-concerts appartenaient souvent aux propriétaires. Elles y travaillaient comme serveuses ou comme soi-disant chanteuses ou danseuses qui devaient, après le spectacle, racoler le client et boire avec lui sous peine d'être jetées à la rue. Dans les bordels déguisés en cafés, on y faisait travailler les filles les moins jolies, les moins jeunes voire les contrefaites. Elles attendaient la sortie des spectacles pour appâter le client et buvaient avec eux tant qu'il était nécessaire. Les plus chanceuses attrapaient un client tout de suite et restaient la soirée avec lui à boire et à manger et voire plus si affinités, les autres passaient de table en table, y prenant à chaque fois des consommations et aguichant le client, car plus elles faisaient boire – et buvaient par conséquent – plus elles étaient payées. L'alcool et la misère, un mariage sordide qui faisait tomber ces pauvres filles plus bas chaque jour, une exploitation qui les entraînait dans l'accoutumance et la dépendance toujours plus grande à l'alcool et aux propriétaires des lieux.

La femme, l'affiche et le vin

Le charme des femmes fut un des arguments les plus utilisés des affiches qui apparaissent dans la deuxième moitié du XIXe siècle. Elles étaient l'expression des bouleversements qui transformaient la société sur un plan économique, démographique, culturel mais aussi artistique. Les différentes maisons de vins et de spiritueux se développaient. Elles avaient besoin de conquérir des marchés nouveaux et se concurrençaient entre elles. La société s'était aussi transformée, la révolution industrielle avait provoqué une révolution sociale laissant apparaître de nouvelles classes urbaines : la bourgeoisie d'affaires, une moyenne et petite bourgeoisie qui possédait de l'argent et un certain pouvoir d'achat et une classe ouvrière qui éprouvait le besoin de s'amuser.

L'affiche existait depuis déjà longtemps, mais elle était essentiellement utilisée à des fins d'information. Tout d'un coup, l'affiche servait à interpeller le chaland et l'incitait à acheter ce qu'elle proposait : c'est la naissance de la réclame et d'une incitation à consommer. L'affiche devint la pièce maîtresse du paysage urbain et participa à l'aménagement du décor de la rue.

L'image de la femme

Sur le plan artistique, un mouvement transforma profondément l'affiche et la réclame : l'Art Nouveau. Les grands artistes et des écoles s'intéressèrent à ce nouveau support, les Nabis, par exemple, qui intégrèrent l'art à la vie quotidienne, ou Bonnard qui fut le créateur de l'affiche contemporaine avec les commandes de France Champagne. Pour cette maison, il créa des dessins dans lesquels l'ombre et la lumière s'opposaient admirablement. D'autres artistes, Grasset et Berthot, puisèrent leur inspiration chez les préraphaélistes avec des femmes « botticelliennes » : des sveltes créatures, aux longs cheveux dans des paysages ornés de feuilles et des fleurs. Les femmes qui allaient dans les guinguettes, les « caf'conc », les cafés étaient des consommatrices, elles étaient jeunes, assez libres et vivaient d'une manière nouvelle. On les appelait les grisettes, cheveux au vent, rapides et vives et profitant de la vie. Elles étaient gaies et manifestaient un grand désir de jouir de la vie et de ses plaisirs. C'est cette image de la femme que les publicitaires vont utiliser. Cette petite femme affriolante qui fait tourner la tête des hommes.

Créer le désir

Puis arriva Jules Chéret. Cet artiste comprit très vite la dimension psychologique de l'affiche. Il saisit intuitivement le rapport entre l'objet à faire désirer et la femme, objet de désir. Le désir... Le vin... La femme... La femme de Chéret, très mignonne et toujours souriante, en perpétuel mouvement, donnait l'impression de s'envoler dans un plaisir de vivre, dans un tourbillon de couleurs vives et chaudes où dominaient le rouge et le jaune, happant le regard et suscitant le désir du public. Ses affiches exprimaient l'évasion, la joie de vivre. Tous les produits de luxe comme le champagne, les vins et les alcools participaient à cet esprit.

Un autre artiste utilisa cette idée : Mucha, le plus célèbre de la tendance Art Nouveau. Tchèque installé à Paris, il devint, à la fin du XIXe siècle, l'affichiste le plus recherché de la capitale et il donna à l'art nouveau son expression la plus élaborée. Il appliquait son style personnel, aux produits dont il vantait les qualités au public. Les femmes étaient très présentes sur les affiches de Mucha qui créa un langage nouveau, à l'origine de la naissance de l'affiche professionnelle : l'envol de chevelures et de tissus qu'il emprunta au Hollandais, Jan Toorop, le jeu de courbes décoratives avec de nombreuses spirales et l'utilisation de la nature, fleurs et fruits. Les affiches pour le champagne reprenaient la structure de celles de Sarah Bernhardt : tête dans un cercle, cheveux et pose... Femmes belles, hiératiques, presque inaccessibles pour un produit de luxe !

Ces charmantes affiches seraient en ce début de XXIe siècle interdites car il est impossible dorénavant de jouer sur le désir et la séduction pour faire la publicité du vin qui serait une incitation à consommer de l'alcool ! Des femmes nues pour vendre des yaourts, oui, mais une épaule dénudée ou un genou pour vendre du vin, non ! Fini les femmes, pourtant nombreuses dans le monde du vin, pour présenter leurs vins. On préfère des hommes ou des viticultrices dans des tenues pas trop sexy, pantalons et col roulé ! Les femmes sont plus nombreuses à acheter le vin, les hommes deviennent donc objets de désir, à la fois sérieux et séduisants...

Quelques femmes d'exception

Et pour finir ce siècle, une image plus lumineuse avec deux femmes. La première, bien réelle, se nommait Colette. La seconde était une des héroïnes du roman gourmand de Marcel Rouff, Pauline d'Aizery. Deux hédonistes pour qui le bon vin faisait partie des vrais plaisirs de la vie. Et qui savaient aussi bien le boire que le choisir pour s'accorder à leur cuisine et en parler avec un très grand talent. En avance sur leur temps, elles préfiguraient les femmes de la fin du XXe siècle.

Colette avait appris à déguster le vin comme M. Jourdain à faire de la prose, naturellement, sans s'en rendre compte. La dégustation fréquente, dès un âge tendre, des bonnes bouteilles de la cave paternelle, lui avait délié le palais, donné la mémoire des arômes et des saveurs, lui avait enseigné la science de la dégustation et le plaisir de boire des bons vins. Un enseignement qui lui permit toute sa vie de bien boire, de boire bon et de savoir apprécier le vin. Elle buvait en gourmande avertie et curieuse. Colette écrit son éducation dans un texte superbe de son livre *Prisons et Paradis*, intitulé tout simplement « Vins », véritable manuel d'apprentissage du vin à destination des parents, un petit bijou de bon sens et de sensualité :

> « J'ai été très bien élevée. Pour preuve première d'une affirmation aussi catégorique, je dirai que je n'avais pas plus de trois ans lorsque mon père me donna à boire un plein verre à liqueur d'un vin mordoré, envoyé de son Midi natal : le muscat de Frontignan.
> Coup de soleil ; choc voluptueux, illumination des papilles neuves ! Ce sacre me rendit à jamais digne du vin. Un peu plus tard j'appris à vider mon gobelet de vin chaud aromatisé de cannelle et de citron, en dînant de châtaignes bouillies. À l'âge où l'on lit à peine, j'épelai,

goutte à goutte, des bordeaux rouges anciens et légers, d'éblouissants Yquem. Le champagne passa à son tour, murmure d'écume, perles d'air bondissantes, à travers des banquets d'anniversaire et de première communion, il arrosa les truffes grises de la Puisaye... Bonnes études, d'où je me haussai à l'usage familier et discret du vin, non point avalé goulûment, mais mesuré dans des verres étroits, absorbé à gorgées espacées, réfléchies. C'est entre la onzième et la quinzième année que se parfit un si beau programme éducatif. Ma mère craignait qu'en grandissant je ne prisse les "pâles couleurs". Une à une, elle déterra, de leur sable sec, des bouteilles qui vieillissaient sous notre maison, dans une cave – elle est, Dieu merci, intacte – minée à même un bon granit. J'envie, quand j'y pense, la gamine privilégiée que je fus. Pour accompagner au retour de l'école mes en-cas modestes – côtelette, cuisse de poulet froid ou l'un de ces fromages durs, "passé" sous la cendre de bois et qu'on rompt en éclats, comme une vitre, d'un coup-de-poing – j'eus des Château-Larose, des Château-Lafite, des Chambertin et des Corton qui avaient échappé, en 70, aux "Prussiens". Certains vins défaillaient, pâlis et parfumés encore comme la rose morte ; ils reposaient sur une lie de tannin qui teignait la bouteille, mais la plupart gardaient leur ardeur distinguée, leur vertu roborative. Le bon temps !
J'ai tari le plus fin de la cave paternelle, godet à godet, délicatement... Ma mère rebouchait la bouteille entamée, et contemplait sur mes joues la gloire des crus français. »

Tout est dit, mais le propos n'est pas clos.

« Maître,
Mardi, je vous attendrai toujours... j'ai mis à mariner dans un marc ancestral deux canetons pour une tourte farcie et je médite une anguille à la poulette. Il y aura des roses partout... »

C'est par ces quelques mots que Pauline d'Aizery invita Dodin-Bouffant à un déjeuner par lequel elle espérait conquérir son âme de gourmet. Non seulement chaque plat était un chef-d'œuvre en soi mais encore Pauline montrait par le choix des vins qu'elle avait élus pour accompagner ce repas une science œnologique, rare à cette époque pour un amateur. Elle commença par offrir, en apéritif un remarquable porto : « Elle désignait sur un guéridon deux verres et une bouteille. Dodin-Bouffant, s'arrachant aux langueurs de ses impressions, reconnut immédiatement un excellent vin de Portugal, Ervedosa des vignes de Mesdames Conceicôes qui mêla dans sa bouche son parfum de mâle douceur à celui du baiser que Pauline, en le quittant, lui avait laissé prendre... » Excellente entrée en matière, mais arriva un saucisson cuit et cuisiné de très subtile manière dans lequel Dodin démêla « le goût de plusieurs viandes inattendues, d'herbes rares, d'épices ardentes mêlées à de lointains appels de crème et de vin... Pauline qui remplissait un de ses verres lui dit : Vous verrez comme ce vaumorillon un peu corsé accompagne bien ce hors-d'œuvre ». L'anguille à la poulette, remarquable, proche de la perfection, fut le fruit d'une savante réflexion : « J'ai choisi longuement et scrupuleusement mes ingrédients... Ainsi, pour constituer un bouillon de cuisson, j'ai éprouvé plus de cinq vins blancs ; j'ai fini par arrêter mon choix sur un vin lorrain, un vin de Dornot, peu connu hors du pays, mais dont la saveur vaporeuse et terreuse est bien faite pour caresser la chair de l'anguille. » Pour la tourte aux canetons, elle montra une parfaite connaissance des vins : « Avant qu'elle permît d'entamer la croûte rebondie, elle remplit leurs verres – avec quelle sollicitude et quels mouvements attentifs ! – d'un Gevrey, Clos de la Perrière, dont la sève moelleuse, toute la finesse, tout l'éclatant bouquet se balançaient dans les transparences chaudes d'une couleur douce et profonde ».

Par ce repas parfait en tout point, elle fit preuve de sa parfaite science des vins, de son amour de la cuisine. Ces connaissances, assez rares encore maintenant chez des amateurs, démontraient un savoir faire très sûr aussi bien devant les fourneaux que dans la cave. Les vins connus ou non, étaient choisis, en véritable œnolophile, car elle ne connaissait pas seulement les vins à étiquette, mais visitait aussi les petits vignerons qui produisaient d'excellents vins dont les arômes se mariaient parfaitement avec les mets qu'elle cuisinait savamment. Elle était une exception, car rares étaient et sont encore maintenant les hommes comme les femmes qui possèdent cette science si difficile de savoir accorder les vins et les mets. Elle représentait pour Marcel Rouff, une sorte d'idéal de perfection gastronomique, source d'un plaisir illimité et sans cesse renouvelé, qu'elle aimait offrir et s'offrir sans complexe.

Sommelières, etc.

Jusqu'aux années 50-60, rien ne changea pour les femmes, elles continuaient à servir le vin dans les cabarets, les brasseries et les petits cafés et on utilisait toujours leur charme et leur plastique pour faire de la réclame. Pourtant, il existait des lieux où l'on apprenait le vin, pour le faire ou pour le vendre, les écoles d'œnologie ou de sommellerie. Mais seuls les hommes y officiaient. La sommellerie était une affaire trop sérieuse pour être confiée aux femmes et quel homme aurait accepté de se faire conseiller un vin par une femme dans un restaurant ? Mais les choses vont évoluer très rapidement.

À l'école du vin

L'école d'œnologie de Bordeaux fut créée en 1880 par Ulysse Gayon et fut rattachée à l'université en 1916 pour former des œnologues, des chercheurs et professeurs en œnologie et ampélographie et des dégustateurs. Jusque dans les années 50, pas une femme n'en franchit le seuil, elles étaient encore minoritaires dans les universités et les grandes écoles.

Mais peu à peu, les filles plus nombreuses à être bachelières, poussèrent les portes des salles de cours et s'y montrèrent aussi brillantes que les hommes. Écoutez ce que disait d'elles Émile Peynaud :

« Les hommes du vin de ma génération n'ont eu que peu de collègues féminins. Les dames ne fréquentaient pas alors les caves des Chartrons, ni les cuviers du vignoble. Un long passé d'interdit les tenait à l'écart. Était-ce à cause du secret ou bien du sacré de la vinification ? […] Enfin, bref, le vin de mes débuts n'était pas féministe. Les hommes le faisaient à leur image et pour leur propre goût. Pas étonnant, penserez-vous, Mesdames, qu'il y en eut quelques-uns d'astrictifs et de rébarbatifs.
Les choses ont beaucoup évolué depuis l'époque, comme je l'appelle, de la révolution culturelle des années cinquante. Tout changea alors, le thème, les acteurs et le décor de la pièce bachique. Tout fut bouleversé, la façon de faire, la façon de vendre, la façon de déguster, celle d'acheter et celle de boire.
Des demoiselles studieuses apparurent sur les gradins de mes cours d'œnologie du lundi matin. Je me souviens

que, pendant les exercices pratiques, leur rouge à lèvres tachait parfois le buvant des verres à dégustation et que leur parfum ajoutait quelques composantes inattendues aux bouquets de nos vins. Personne n'aurait osé s'en plaindre. Bravement, elles goûtaient sans ciller l'acide, l'amer, l'astringent.

Elles apportaient à la dégustation leurs qualités d'intuition, de prise en compte globale des sensations et le côté émotionnel, que négligeaient les papilles blasées. Elles assimilaient l'œnologie pratique avec la soif de savoir des néophytes, comme pour rattraper des décennies de leçons perdues. Devenues érudites, elles se firent une place dans le cercle fermé de la production, du marketing, de la présentation commentée.

Il faut dire qu'elles arrivaient au bon moment, comme si elles avaient attendu que nos vins soient meilleurs pour s'en éprendre ! De nouvelles technologies faisaient évoluer un vin jusque-là immuable. Une viticulture plus performante, des raisins plus mûrs, plus sains, des techniques de vinification moins agressives, la recherche d'un équilibre gustatif privilégiant des saveurs douces, étaient en train de modifier les critères traditionnels vers davantage de finesse, d'élégance, d'harmonie, de souplesse des formes, qualités, comme on le sait, éminemment féminines.

Je me demande même si le contrôle de la fermentation malolactique, en atténuant l'acerbité habituelle, n'a pas aidé nos vins à conquérir le palais de nos compagnes. En civilisant les acides et les tanins, nous avons inventé pour elles le vin courtois.

Depuis, la mixité a fait son chemin et rien de ce qui concerne le vin n'est plus étranger à nos collaboratrices. [...] »

Ces demoiselles studieuses devinrent des œnologues et des professionnelles du vin renommées comme Isabel

Mijares, Myriam Huet qui furent ses élèves et firent de belles carrières, conseillant et écrivant sur le vin.

Ce fut ensuite au tour de l'Éducation nationale de s'intéresser à la formation des métiers du vin. Dans les années 60-70, les plus grandes régions viticoles ouvrirent des lycées viticoles à Beaune, Dijon, Mâcon, Montpellier, Blanquefort et Bommes près de Bordeaux. Et les jeunes filles y entrèrent peu à peu. Même si elles y étaient encore minoritaires, surtout en sommellerie où elles ne représentaient que 6 % des étudiants, elles brillaient. La voie avait été ouverte par Danielle Carré-Cartal, première femme à obtenir le titre de meilleur sommelier de France en 1978, puis il y eut Maryse Allarousse. En 2008, deux jeunes filles se présentèrent à ce concours et l'une parvint en finale : Pascaline Lepeltier. Par ailleurs, les maîtres sommeliers comptent aujourd'hui de nombreuses femmes dans leurs rangs. Celles qui ont essuyé les plâtres reconnaissent qu'au début elles n'étaient pas forcément bien reçues par les clients qui leur demandaient toujours d'aller chercher le sommelier ou qui n'acceptaient pas d'être conseillés par une femme sur le choix des vins. Mais les plus jeunes d'entre elles affirment que ces temps-là sont révolus et que les clients les respectent et semblent même satisfaits d'être conseiller par une charmante sommelière.

Le métier de caviste est le moins investi par les femmes qui y sont encore très minoritaires. Si les grandes maisons engagent des sommelières cavistes, elles sont beaucoup plus rares à s'installer comme caviste indépendante.

Les femmes sont partout

Elles servent aussi beaucoup le vin par leurs talents de plume et leurs qualités de communicantes. Dans les agences de communications, elles organisent des manifestations, des dégustations, des voyages-découvertes dans les vignobles, s'occupent de la communication des domaines et des grandes maisons de vins, des vignerons, des interprofessions pour leurs produits et les événements qu'ils désirent organiser.

Il y en a qui ont la plume féministe comme Isabelle Forêt, retombée dans le vin après une carrière dans le show-biz, et qui a édité un guide de vins au féminin *Elle & Bacchus* qui est devenu *Fémivin* et d'un site internet *Winewomenworld*. Elle a choisi de ne s'intéresser qu'aux vins de femmes pour des femmes.

Des journalistes s'imposent dans le milieu du vin dans des revues spécialisées. En France, la rédactrice en chef de *L'Amateur de Bordeaux* de 2003 à 2007 a été Claire Brosse, excellente dégustatrice et esprit aiguisé, qui maintenant avec sa société Culturevin, travaille la communication des vignerons. Tout comme à la *Revue des Vins de France*, où Chantal Lecouty fut rédactrice en chef avant de s'occuper du Domaine Prieuré de Bébian et où écrit Myriam Huet. Cette dernière a produit un remarquable livre animé sur le vin qui l'explique et le démystifie. Ce sont des grandes dames du vin. Moins nombreuses que leurs confrères et minoritaires dans les équipes rédactionnelles, certaines se sont taillé de belles renommées : Hélène Durand, spécialisée dans l'histoire des vignobles ; Isabelle Bachelard, journaliste très complète et membre de jurys internationaux de dégustation, elle a traduit en français l'excellent livre de Michael Broadbent, *Le Livre des millésimes*, les grands vins de France de 1747 à 1990 ; Véronique Raisin, au nom prédestiné, qui incarne un visage nouveau dans le monde du vin sur Internet où les femmes sont peu nombreuses à parler du vin, avec son site Picocrol ; Corinne Lefort, Karine Valentin, la Madame vin depuis 20 ans au magazine *Cuisine et Vins de France*, très bonne dégustatrice. Et pour finir, Sylvie Augereau qui incarne une tendance qui a dépassé le phénomène de mode : les vins naturels.

Mais c'est au Royaume-Uni que l'on trouve la plus grande journaliste du vin, Jancis Robinson qui écrit dans la revue *The Decanter*. Lauréate en 1984 du plus prestigieux et du plus difficile concours mondial du vin dont les épreuves portent sur tous les domaines du monde du vin : de l'œnologie et la chimie à la dégustation en passant par la viticulture, le marketing et l'économie. Seule lauréate féminine de ce concours international avec une autre très grande personnalité remarquable de la sphère du vin, Serena Sutcliffe, lauréate en 1971, qui est actuellement responsable du département vins chez Sotheby's.

Responsables de la communication et du marketing des bureaux interprofessionnels et des grands domaines, les femmes doivent utiliser leur légendaire intuition féminine et des trésors de subtilité pour promouvoir les vins sans donner envie de les boire, une quadrature du cercle assez difficile pour respecter les lois de plus en plus restrictives concernant la publicité du vin. Virginie Valcoda, directrice de la communication et du marketing au Bureau interprofessionnel des vins de Bourgogne, en a fait les frais avec la dernière campagne de publicité interdite au prétexte que la séduction était trop évidente et représentait une incitation à la consommation. Même souci pour Claire Duchêne, directrice du marketing d'Interloire, qui après avoir connu des difficultés pour s'imposer dans le monde masculin des vignerons, ouvre la voie de la communication pour faire parler des vins de Loire. Sylvie Cazes, présidente de l'Union des grands crus de Bordeaux et membre du conseil municipal de la ville, travaille à donner une véritable visibilité des vins.

PORTRAITS

Linda Grabe

Elle se définit elle-même comme sommelière-éthyliste. Après des études de droit et l'École du Louvre, elle travaille dans la galerie d'art contemporain Air de Paris. Son destin la rejoint et le vin s'impose définitivement comme art de vivre. Elle intègre l'école de dégustation Grains Nobles. Elle y rencontre François Mauss, organisateur du Grand Jury Européen, et commencent alors deux années de voyages et de dégustations à travers le monde qui lui permettent d'étalonner et de parfaire son goût pour l'excellence du vin. Elle décide d'en faire sa profession : études en Bourgogne et en Champagne où elle rencontre Pierre Anderegg, propriétaire du Bubbles, qui lui propose le métier de sommelière qu'elle exerce encore aujourd'hui comme conseil. C'est ainsi que Jean-Georges Vongerichten lui a laissé la liberté de créer, pour l'ouverture du Market, une carte « furieuse » (Guide GaultMillau, 2003) où les vins français et étrangers sont mélangés et classés par type de goût. De 2002 à 2006, elle intègre le comité de dégustation de la Revue du Vin de France. Puis elle est chargée pendant 3 ans au sein de la Maison Richard de créer une sélection de vins. En 2005, voulant faire profiter ses amis de ses découvertes du vignoble, elle crée son site www.lindaboie.com. Aujourd'hui, elle vient de rédiger avec Valérie de Lescure un livre au titre engageant de Dis-moi qui tu es, je te dirai quel vin boire, *une galerie de portraits de buveurs parue aux éditions Solar en septembre 2007. Elle signe des portraits de vins dans la revue épicurienne Le Miam. Last but not least, elle collabore en tant que consultante pour les hôtels Le Méridien (LM Founding Members) afin d'y développer une vision intimiste du vin. Affaire à suivre.*

Quelle vision du vin aviez-vous quand vous avez décidé de faire ce métier ?

Aucune vision définie.

Être femme, est-ce un avantage ou un inconvénient ? Le métier valait-il les sacrifices que vous lui avez concédés dans le domaine de la vie privée ou familiale (si sacrifices il y a eu) ?

C'était un avantage. Il y a 10 ans, la femme était une nouveauté dans le métier. Je n'ai pas eu à faire de sacrifice particulier.

Maintenant votre vision du métier et du vin a-t-elle changé ?

Comme je n'en avais pas avant, elle s'est nettement précisée.

Que pensez-vous de tout ce qui se dit sur les femmes et le vin, en particulier dans la presse féminine et non professionnelle ?

La femme et le vin sont un angle journalistique comme un autre. Le sujet est donc traité avec plus ou moins de sérieux, selon le journal en question. Quand la femme et le vin deviennent un angle marketing, le résultat est souvent navrant.

****

Jancis Robinson

Diplômée de lettres et du prestigieux Master of Wine, *Jancis Robinson travaille en tant qu'assistante-éditeur au* Oxford Companion to Wine, *responsable des domaines de la viticulture et de la vinification ainsi qu'au* World Atlas of Wine. *Elle est également juge dans des concours internationaux de dégustation et écrit sur son site www.JancisRobinson.com.*

Quelle vision du vin aviez-vous quand vous avez décidé de faire ce métier ?

Je pensais que c'était le produit le plus étonnamment varié et le plus intéressant qui soit avec une somme infinie de vins nouveaux à goûter, apprendre et comprendre, de personnes à rencontrer et d'histoires à raconter.

Être femme, est-ce un avantage ou un inconvénient ? Le métier valait-il les sacrifices que vous lui avez concédés dans le domaine de la vie privée ou familiale (si sacrifices il y a eu) ?

Je ne pense pas qu'être une femme fasse une différence. Les principaux sacrifices que j'ai faits furent lorsque je préparais le *Master of Wine* et cela en valait la peine.

Maintenant votre vision du métier et du vin a-t-elle changé ?

Non, je ne le pense pas. Je réalise même que le monde du vin est sans limites et que je n'aurai jamais assez de temps pour l'explorer et en comprendre tous ses aspects.

Que pensez-vous de tout ce qui se dit sur les femmes et le vin, en particulier dans la presse féminine et non professionnelle ?

C'est difficile de répondre car je ne vois pas exactement à quoi vous faites allusion. Il me semble que tous les aspects du commerce du vin sont ouverts aux femmes et qu'elles sont excellentes autant dans la production que dans le commerce et le journalisme.

****

Fanchon Vrignaud

Elle étudiait en faculté de musicologie à Lyon quand l'intérêt pour le vin lui est venu. Elle a donc fait d'abord un BTS viti-œno au lycée agricole de Brouilly tout en effectuant des stages chez un vigneron au Château de Thivin. Elle a poursuivi par un BTS sommellerie d'où elle est sortie pour aller travailler au Clos des Sens, à Annecy-le-Vieux.

Quelle vision du vin aviez-vous quand vous avez décidé de faire ce métier ?

J'ai envisagé le métier de sommelière pour apprendre comment se fait le vin. Au départ, je ne voyais que des hommes faire ce métier, j'ai fait mon BTS, un peu « rentre-dedans ». Mais quand on tombe dans le monde du vin, on y reste.

Ma vision était celle de la dégustation, le produit vin m'attirait : comment l'aborder, en parler. Le sommelier est en contact avec le client, il échange avec lui et avec le vigneron. Pour moi le sommelier était un passeur entre le vigneron et le client. J'ai découvert que le monde du vin est infini. On apprend et on découvre tout le temps.

Être femme, est-ce un avantage ou un inconvénient ? Le métier valait-il les sacrifices que vous lui avez concédés dans le domaine de la vie privée ou familiale (si sacrifices il y a eu) ?

Au début le manque d'assurance joue contre le fait d'être une femme, mais ensuite il n'y a plus de problème pour s'imposer, c'est même un avantage. Quand je faisais mon apprentissage chez le vigneron, je n'y étais absolument pas considérée comme une femme et faisais le même travail que les ouvriers, il n'y avait pas de problème et j'aimais travailler dehors. Les hommes et les femmes n'ont pas les mêmes comportements, les hommes prennent vite une attitude pro, se montrent sûrs d'eux, ils ont une posture directe. J'ai une attitude différente, j'apporte mon point de vue avec plus de douceur.

Concernant l'équilibre entre vie privée et travail, pendant mes études il m'était impossible de voir ma famille car je travaillais les week-ends, mais la passion l'a emporté. Maintenant, mon mari et moi travaillons tous les deux au Clos des Sens, je n'ai pas l'impression de faire des sacrifices. Je n'ai jamais regardé ma montre au travail et j'ai une très bonne relation avec le chef. On fait ensemble un vrai travail sur les accords mets/vins car il faut connaître toutes les composantes d'un plat pour en parler et trouver les meilleurs accords.

Maintenant votre vision du métier et du vin a-t-elle changé ?

Un peu, ma première idée du vin c'était la fête. Maintenant je le considère comme un produit d'exception si on considère le travail qui est fait pour le produire et je suis fière de vendre un produit pareil. Le vin rassemble, crée des liens même avec ceux qui ne s'y intéressent pas, parce qu'il y a dans le vin beaucoup de passion. Maintenant je le fais souvent goûter aux femmes. Elles s'y connaissent mieux en vin et de toute manière dans les restaurants gastronomiques, je pense que 5 % des clients seulement sont de vrais connaisseurs.

****

Sabine Brochard

Sommelière et caviste de 31 ans, vice-présidente des Sommeliers du Val de Loire depuis avril 2005, une mention complémentaire sommellerie en poche, pour parfaire le tout, un caractère bien trempé. Après une « magnifique » expérience avec les grands chefs cuisiniers parisiens comme ceux de La Tour

*d'Argent, du Jules Verne et du Restaurant Guy Savoy, l'envie de faire sa propre sélection l'obstine et la pousse à l'indépendance. Elle ouvre sa cave en octobre 2001 au cœur du vieil Orléans : l'Ange Vins Cave, 43 rue du Poirier. Depuis l'ouverture de celle-ci, sortir des sentiers battus reste sa ligne de conduite. Partir à la recherche de l'appellation méconnue... et à travers elle, le vigneron, la vigneronne... qui y met toute son âme...
Et non, qualité ne rime pas avec prix élevé.
Actuellement, elle propose une carte des vins de France et du monde, et principalement une sélection étendue des vins de la Vallée de la Loire ainsi qu'une sélection de spiritueux. Une partie de son activité est consacrée aux animations autour du vin qu'elle organise lors de cocktails, repas... et/ou casino du vin...
Elle anime également des rencontres œnologiques sur une base théorique (apprentissage à la dégustation) et une dégustation de six vins ou plus, un rendez-vous mensuel, sympathique, loin du snobisme du vin...*

Quelle vision du vin aviez-vous quand vous avez décidé de faire ce métier ?

Il m'est difficile de revenir en arrière face à la période actuelle... Je pense que le vin délie les langues, nous convie à un partage, à un moment d'échange(s) et de rencontre(s). J'aime le contact et c'est ce qui m'a amené dans cette aventure...

Être femme, est-ce un avantage ou un inconvénient ? Le métier valait-il les sacrifices que vous lui avez concédés dans le domaine de la vie privée ou familiale (si sacrifices il y a eu) ?

Physiquement... les capacités ne sont pas les mêmes (port, chargement, etc.) être femme peut donc être un inconvénient. Je ne pense pas avoir fait de sacrifice ou si sacrifices il y a eu, ils sont moindres et à correspondance identique pour un homme.

Être une femme ? Je pense intérieurement que l'on a un peu des deux côtés (hommes, femmes) et avec les années… la sensibilité féminine, la mienne je l'aime ! Elle est moi, ma personnalité, une part de mon professionnalisme et de cette reconnaissance.

J'ai l'impression que lors de dégustations professionnelles ou de déplacements chez les vignerons, cette sensibilité permet des échanges plus faciles, plus sages avec un certain respect. C'est une impression totalement personnelle. J'ai remarqué que deux hommes dans le même contexte, ne prendront pas le temps ou le soin d'apprendre à se connaître et je pense que lorsque je propose un vin, il y a une part de « l'âme » du vigneron dans cette bouteille. L'échange est donc important pour bien connaître le vin. Sans oublier que nous ne fonctionnons pas pareil mais que l'issue professionnelle apparemment reste identique, puisque l'homme réussit aussi et à sa manière !

Toutefois, il m'arrive encore de « tomber » sur des hommes ne faisant pas « d'affaires » avec une femme et détournant le regard. Dans ce cas, je passe mon chemin même si ses vins sont, après dégustation, de qualité.

Il me faut, également, être très attentive au choix de mes mots dans mes impressions personnelles (présentations de dégustation, par ex.) pour éviter des rires sournois d'hommes interprétant à légère mes propos, pour exprimer le plaisir du vin, par exemple.

Mais le monde évolue. Certes, encore aujourd'hui il me faut encore « prouver » – et je le fais grâce à mon caractère bien « trempé » – que professionnellement parlant, homme et femme sont identiques et/ou complémentaires.

Maintenant votre vision du métier et du vin a-t-elle changé ?

Ma vision n'a pas changé… mais aujourd'hui, nous consommons différemment et en effet avec cette question, je me demande si le vin ne deviendrait pas trop intellectuel…

Pour moi, le vin fait partie d'une envie qui peut être immédiate et sans trop de réflexion(s) mais aussi pour d'autres moments… et entre autres, dans le cas d'une association de mets et vins (ou vice versa).

Ma vision n'a pas changé vis-à-vis du discours hygiéniste qui inquiète ! Et pourtant… je n'ai pas eu le temps (pour le moment) d'être maman. La concentration d'informations sur les risques-dangers du vin… – et là je ne parle que du cas de la femme enceinte – perturbe mes opinions et mon choix de vie si demain je devenais maman. Cette surinformation a réussi à déteindre sur moi et à m'atteindre un petit peu (inquiétude).

Que pensez-vous de tout ce qui se dit sur les femmes et le vin, en particulier dans la presse féminine et non professionnelle ?

Aïe… je ne dois pas assez lire !

La critique, la négation, etc., ne m'atteignent pas. Comme je le disais, elles ne font que renforcer ma personnalité.

Attention : dire que la femme a davantage de sensibilité que l'homme ne l'infériorise pas. Précision ici faite, car c'est souvent une question ou remarque que l'on constate dans la presse.

J'espère, j'aspire qu'au travers ce livre, les hommes ou les femmes qui nous liront, auront envie de découvrir ou de continuer à déguster du vin ! La moquerie d'hommes ou de femmes trop intellectuels exprimant éventuellement une jalousie ou une incompréhension ne m'atteint pas… elle ne fait éventuellement que renforcer ma sensibilité mais à bon profit pour le vin !

*****

Béatrice Cointreau

Née dans le milieu du vin, Béatrice Cointreau a d'abord fait des études de droit, de marketing à l'ESP et de gestion, puis une formation œnologique à la faculté d'œnologie de Bordeaux. Directrice générale des Cognac Frapin puis des Champagne Gosset, elle anime maintenant un blog Béatrice Cointreau by BC *et organise des soirées thématiques autour du vin et des cinq sens.*

Quelle vision du vin aviez-vous quand vous avez décidé de faire ce métier ?

Quand vous êtes une fille et l'avant-dernière d'une famille de sept enfants, la n° 6, il faut se rendre à l'évidence : vous n'avez ni la meilleure place, ni le sexe idéal, pour espérer un jour présider aux destinées d'une grande maison de vin ou de spiritueux, quand bien même celle-ci appartiendrait à votre clan. Pour la génération de mon père, la réussite professionnelle devait logiquement être assurée par des hommes. Je l'ai compris assez rapidement mais cela ne m'a pas découragée pour autant, mais rien ne me prédestinait à faire du vin mon métier.

Pour gagner son respect, j'ai accumulé les diplômes en obtenant une maîtrise de droit à Assas, un diplôme de marketing à l'ESP et un autre à l'institut supérieur de gestion. Je suis ensuite partie à New York pour suivre un MBA en management et gestion d'entreprise à Cornell University. Puis de retour en France, j'ai intégré la faculté d'œnologie de Bordeaux. Mon apprentissage du monde des affaires se parachevait dans l'univers du vin.

Dans ma famille, un dicton se transmet de génération en génération : « le père plante la vigne, le fils fait le vin, et le petit-fils saura pourquoi ». Enfant, j'aimais observer les cycles de la nature et les travaux dans les vignes qui se succédaient au fil des saisons : les grappes qui se colorent, les feuilles des vignes chauffées par le soleil d'où émanent des senteurs végétales et sucrées.

Après un passage dans la publicité, j'ai rejoint la maison Cognac Frapin à 24 ans. Quelques années plus tard, j'en suis devenue directrice générale.

Nommée PDG de Champagne Gosset en 1993, nous étions cinq à racheter l'entreprise, mais je fus seule à en assumer les responsabilités. Comme pour Frapin 10 ans plus tôt, je me suis prise d'amour pour Gosset.

Ce qui m'a décidé à faire ce métier ? L'amour, justement… Un amour sans cesse renouvelé pour le vin, les savoir-faire, les flacons, le rayonnement international de nos produits…

Être femme, est-ce un avantage ou un inconvénient ? Le métier valait-il les sacrifices que vous lui avez concédés dans le domaine de la vie privée ou familiale (si sacrifices il y a eu ?)

On croit que les mentalités évoluent, que les compétences des femmes chefs d'entreprise, voire leurs réussites, sont plus facilement reconnues aujourd'hui. Dans les faits, il suffit d'observer les regards pour comprendre que les préjugés sont tenaces. Il y a d'abord la chef d'entreprise que l'on prend, forcément, pour l'assistante. Autre méprise : l'impossibilité d'envisager la possibilité qu'une jeune femme puisse diriger une société.

Pour le plaisir de faire partager ma passion, j'ai souvent reçu mes agents et mes clients en Champagne comme à Cognac. Certains ignoraient totalement qui j'étais. « C'est quoi votre petit nom ? J'aimerais dire à votre patron que vous avez été très efficace, mon petit » me dit un jour un visiteur venu chercher une commande à l'heure du déjeuner ! Ce regard paternaliste, je l'ai souvent croisé également, tout comme celui condescendant ou dubitatif des personnes qui me demandaient : « Mais vous travaillez avec votre père, votre mari ? ». Comme si une femme ne pouvait réussir à redresser avec brio des sociétés, avoir « du nez » en affaire comme pour les vins. Au quotidien, des clichés persistants renvoient à la réalité. Dans les grands restaurants, par exemple, dont les cartes sans prix sont présentées aux femmes – comme si elles étaient obligatoirement invitées ou ne pouvaient pas payer leur addition – et les cartes des vins adressées d'emblée aux hommes (alors que beaucoup n'y connaissent pas grand-chose !).

Cela dit, je ne fustige pas les hommes, qui ne font qu'appliquer des attitudes et des règles que leurs parents et la société leur inculquent dès leur plus jeune âge.

Des « perles » d'une époque révolue, n'est-ce pas ?

Pas facile d'être une femme il y a 25 ans dans le monde des vins et spiritueux (mon arrivée professionnelle date de 1984), majoritairement masculin. Comment être admise en tant que femme ? Il faut participer aux réunions des vignerons locaux et faire entendre sa voix. Ne pas faire de compromis entre sa vie personnelle et professionnelle, telle est l'idée (j'ai 3 enfants).

Maintenant votre vision du métier et du vin a-t-elle changé ?

Ma vision du métier et du vin n'a pas vraiment changé, car ayant eu la chance de grandir entourée de vignes, je connais les contraintes et n'ai jamais fléchi dans mon exigence qualitative.

Les femmes sont certes plus nombreuses, certes plus reconnues et occupent le devant de la scène pour certaines ; mais celles qui sont à ces places ont dû être « plus » à tous niveaux : plus diplômées, plus disponibles, plus exigeantes avec elles-mêmes pour être meilleures qu'un homme, jugé plus légitime spontanément.

Ces différences seront-elles dépassées demain ? Je ne le sais.

Les contraintes actuelles du contexte de crise économique sont également un risque, puisque les femmes en sont les premières victimes.

Que pensez-vous de tout ce qui se dit sur les femmes et le vin, en particulier dans la presse féminine et non professionnelle ?
Un constat : l'éducation en matière de goût est essentielle et conduit à une consommation raisonnable et éclairée du vin, ce qui est essentiel.

On ne peut deviner si un vin est élaboré par une femme, de même qu'il me semble difficile de juger un vin « féminin » ou « masculin » à mon sens, car chacun d'entre nous porte une part de douceur ou de fragilité et par ailleurs de force et de puissance sans que l'on puisse l'attribuer exclusivement à un sexe.

Les compétences des femmes sont-elles reconnues aujourd'hui ? Certains clichés persistent, parfois des interlocuteurs entrent dans la société et cherchent LE dirigeant. Pour autant les mentalités évoluent, les « femmes du vin » sont de plus en plus visibles, notamment grâce aux médias qui les mettent en valeur désormais, allant jusqu'à donner des titres chocs à leurs articles, tels « la femme est l'avenir du vin ». Au-delà de la provocation, il y a une réalité : 63 % des acheteurs de vins dans le monde sont des femmes. Elles s'y connaissent plus qu'on ne l'imagine, et ont une approche du vin plus simple, plus naturelle et sensuelle. Il n'est pas rare aujourd'hui de les rencontrer lors des dégustations et sur les salons, bousculant ainsi les idées reçues.

Mais alors existe-t-il des vins de femmes ? Côté production, un vin est avant tout l'expression d'un terroir, le fruit d'un travail d'équipe où les goûts, les inspirations et les talents s'associent pour lui conférer son caractère et sa typicité.

Pas de guerre des sexes, donc !

****

« Elles nous piquent même le pinard » avait déclaré un journaliste du *Nouvel Observateur* à propos de Myriam Huet. Et oui, le vin est aussi un domaine féminin et elles sont parfaitement capables de faire autre chose que de servir à boire. Madelon est bien loin ainsi que toutes les braves filles des chansons à boire. Elles sont érudites, curieuses, tenaces et très consciencieuses. Très professionnelles aussi.

Travailler dans le monde du vin et s'y faire reconnaître comme des professionnelles douées et efficaces s'inscrit dans le grand mouvement qui a trouvé son aboutissement à la fin du XXe siècle de la reconnaissance des femmes comme citoyennes à part entière, des êtres adultes et responsables qui pouvaient vivre et s'épanouir en dehors de l'ombre des hommes. Les métiers de la sommellerie ont été moins investis par les femmes alors que ceux de journalistes ou de responsable de communication et marketing le sont abondamment. On peut se demander pourquoi. Je ne sais pas s'il y a une réponse. Peut-être peut-on suggérer que les femmes sont moins nombreuses aux postes de responsabilité dans le monde de la restauration aussi bien derrière les fourneaux que responsables des caves. C'est sans doute un phénomène très national, une exception française de plus, puisque les pays anglo-saxons ont, depuis plus longtemps que nous, ont encouragé et récompensé les femmes qui se sont lancées dans cette voie. L'exemple de Jancis Robinson en est une preuve éclatante. Mais la voie est ouverte, les plus jeunes ne ressentent pas la résistance éprouvée par les plus anciennes. Et de plus en plus de lecteurs de magazines et de clients de restaurants sont heureux de trouver cette touche féminine qu'ils apprécient de plus en plus. Vin rime très bien avec féminin.

Chapitre III

LES FEMMES BOIVENT LE VIN

Dans les temps préchrétiens, quelque part au Proche-Orient, des hommes et des femmes sont réunis autour d'une tombe. Ils tiennent tous à la main une coupe pleine de vin qu'ils vident, s'adressant au défunt : « À toi qui ne peux plus profiter des plaisirs de la vie, buvons, nous qui le pouvons encore ». C'est Hérodote qui raconte cet épisode que nombre de stèles funéraires et de textes corroborent, exemple d'une morale épicurienne pleine de sagesse qui incitait à profiter des plaisirs de la vie.

Hommes et femmes...
Les femmes interdites de vin et de banquets publics qui semblent la norme depuis l'Antiquité, serait-ce une légende ? Non, pas vraiment, pas partout et pas toujours. Cela dépend des pays et des époques. Car dans tous les pays du Bassin méditerranéen et au Proche-Orient, on buvait du vin. Il y eut cependant des sociétés tolérantes et permissives, laissant libre chacun de boire à sa guise alors que d'autres édictèrent des lois restreignant la consommation de vin. Et plus particulièrement restrictives envers les femmes.

Dans l'absolu, à la lumière de décrets de certaines villes, de lois de pères fondateurs, de témoignages de maints écrivains et poètes satiriques, on peut considérer qu'il était interdit aux femmes de boire du vin. Officiellement elles étaient exclues des banquets privés et publics, des cérémonies religieuses durant lesquelles on buvait du vin, du moins dans la Grèce antique et la Rome de la République. Dans la pratique et en privé, chacun reste maître chez lui et le vin était largement consommé par la majeure partie de la population dans tous les pays qui en produisaient. Boire du vin et son éventuelle conséquence, l'ivresse, furent interdits aux femmes pour des raisons rationnelles liées aux mystères du cycle féminin et de la procréation, croyances qui perdureront au cours des siècles et pour d'autres plus irrationnelles dues à leur position et aux prétextes utilisés pour les maintenir dans le statut qui leur était imposé. Ce qui ne les empêcha pas, nous le verrons, d'aimer la dive bouteille, d'apprécier de lever le coude en diverses occasions et même d'être de fines dégustatrices.

DE LA NAISSANCE DU VIN À LA FIN DE L'ANTIQUITÉ

La vigne et le vin sont apparus dans une région située entre l'Arménie et la Géorgie actuelles, environ 5000 ans avant Jésus-Christ selon les datations les plus précises que nous possédons. Puis la vigne s'est répandue dans tout le Proche-Orient et sur les pourtours de la Méditerranée. Le vin était si bon, il procurait de tels plaisirs qu'on lui attribua une origine divine. Dionysos, dieu élevé en Asie Mineure, fut le dieu du vin avec son cortège de ménades, de satyres et de pans, ses rites – processions, libations et fêtes – qui réglaient la vie de la cité. Dionysos partagea même l'année avec Apollon dans le sanctuaire de Delphes. Par la suite, à Rome, le vin eut un dieu, Bacchus. Mais dans d'autres pays comme la Mésopotamie et l'Égypte, on honorait plutôt des déesses du vin.

De l'Égypte à la Mésopotamie, les femmes boivent le vin

Ces deux pays avaient une relation au vin différente de celle qui prévalait en Grèce. Le vin y était moins populaire que la bière, rare et réservé à une élite qui en usait comme bon lui semblait et l'ivresse y était considérée de manière bienveillante.

En Égypte pharaonique, les femmes étaient reines et régentes. Elles étaient actrices de la vie politique et économique et traitaient d'égal à égal avec les hommes. Elles participaient donc au même titre que les hommes aux fêtes. Jamais un souverain n'a eu la moindre velléité d'édicter une ligne de conduite pour ses concitoyennes, elles étaient considérées comme suffisamment adultes et responsables pour gouverner leur vie selon leurs désirs. Il ne semblait pas y avoir de sentiment de culpabilité ou de honte quant à l'ébriété ou l'ivresse.

Les amis de la bouteille

C'est ainsi qu'Athénée, un auteur grec, nommait les Égyptiens, mais il ajoutait qu'ils restaient en général tempérants lors des banquets et qu'ils n'usaient du vin que pour se réjouir le cœur. Belle application des principes dionysiaques ! Les faits pourtant semblent lui donner tort. Boire trop, lors de réunions ou de repas festifs, n'est pour la femme égyptienne qu'une fantaisie amusante et nullement répréhensible. Les Égyptiens et les Égyptiennes se laissaient aller lors de banquets à de tels excès de boisson qu'ils ne pouvaient quitter la salle sans l'aide de leur serviteur. Ils s'étaient mutuellement encouragés à boire, tirant gloire de leur propre capacité à tenir le vin, même après avoir vidé un nombre considérable de coupes. Nombre de peintres de fresques ont représenté cela et sur l'une d'elles, une buveuse interpelle sa compagne en ces termes « Bois, ne gâche pas la fête, c'est convenable pour une femme de boire ! »

Convenable, mais limité à certaines occasions pour l'ensemble de la population. Dans ce pays de buveurs de bière, le vin était servi à l'occasion de certaines fêtes où l'on pouvait boire au-delà du raisonnable. Lors du jour de l'ivresse, par exemple, dédié à Hathor, la déesse des vins maréotiques, le roi lui offrait une jarre de vin et le peuple pouvait s'enivrer. Lors d'une autre fête, à Bubastis, dédiée à Bastet, il se buvait, selon Hérodote, plus de vin en un jour que durant toute l'année. Puis, tout rentrait dans l'ordre. Le vin cuvé, chacun reprenait son travail et ses habitudes alimentaires, plutôt sobres, un peu de bière quotidienne, du pain et des légumes.

La Palestine

« Avec le vin ne fais pas le brave,
Car le vin en a perdu beaucoup.
La fournaise éprouve l'acier dans la trempe,
Ainsi fait le vin pour les cœurs dans une querelle d'orgueilleux.
Le vin est comme la vie pour l'homme,
Si tu le bois avec modération.
Qu'est ce que la vie pour qui manque le vin ?
Car il a été créé pour la gaieté des hommes.
Allégresse du cœur et gaieté de l'âme,
Tel est le vin bu en son temps et à sa suffisance.
Amertume de l'âme, tel est le vin quand on en boit beaucoup,
Par défi ou par provocation.
L'ivresse accroît la fureur de l'insensé jusqu'au scandale,
Elle diminue les forces et entraîne des blessures. »

Ecclésiastique, 31, 25-30.

Ce passage de l'Ecclésiastique exprime assez bien l'opinion des peuples du Moyen-Orient à des périodes préislamiques. Cette région, située à l'est de la Méditerranée, subit tout au long de l'Antiquité les invasions des Égyptiens, des Assyriens, des Babyloniens, des Perses, des Grecs et des Romains qui apportèrent leurs croyances et leurs règles de vie. Elles s'y mêlèrent et influencèrent l'art de vivre, les croyances et les habitudes d'une population indigène. Le vin et les vignes, éléments importants de cette civilisation, sont souvent cités dans l'Ancien Testament, source précieuse de renseignements.

Le vin au centre de la vie

La vigne était cultivée et faisait l'objet de soins constants. Les vignobles, ceints de murs, étaient surveillés par un veilleur placé en haut d'une tour, les celliers étaient bien clos et les jarres jalousement gardées. Pourquoi tant de soins ? Parce que le vin était un élément important de la culture hébraïque dans laquelle toutes les festivités, religieuses autant que sociales ou familiales, étaient prétexte à boire ou à offrir le vin. Devenir propriétaire des vignes et viticultrice était l'aboutissement du rêve, le souhait le plus grand d'une paysanne travailleuse, selon le livre des Proverbes.

La culture de la vigne et le commerce du vin étaient pratiqués par les juifs et plus tard par les chrétiens, pour qui le vin était nécessaire au culte et faisait partie des nourritures quotidiennes. Le mode de vie des agriculteurs s'opposait à l'austérité de vie des Bédouins et ce sont les patriarches issus des tribus nomades qui proféraient les imprécations les plus sévères contre les buveurs qu'ils soient homme ou femme.

Les noces de Cana et autres libations

Les Hébreux, tout comme leurs voisins, aimaient le vin et l'épisode bien connu des Noces de Cana en est l'exemple. Comme en Assyrie, les mariages étaient scellés par un banquet qui réunissait tous les membres des deux familles. Saint Jean, dans son Évangile, écrit que les meilleurs vins étaient servis en premier et les moins bons à la fin quand l'ivresse avait gagné la plupart des convives. Or, quand ils vinrent à manquer, c'est Marie, soucieuse du bon déroulement de cette alliance entre deux familles, qui vint demander à Jésus de faire en sorte que tout se passe selon les règles et la coutume.

C'est l'exemple le plus connu sur ce thème, mais plusieurs passages de l'Ancien Testament célèbrent le vin et la coutume autorise les femmes à boire du vin sans en abuser et en restant dignes. Comme Anne, citée dans le premier livre de Samuel, qui se retira pour prier après un repas lors des fêtes données en l'honneur de Yahvé. Triste, elle priait silencieusement en remuant les lèvres ce qu'un convive prend pour une marque d'ébriété. Anne se récria : « Je n'ai bu ni vin, ni boisson forte ; j'épanchais mon âme devant Yahvé. Ne prends pas ta servante pour une fille de rien… » Pourquoi Élie pouvait-il penser qu'Anne puisse s'enivrer ? Parce qu'elle était affligée de ne pouvoir avoir d'enfant et qu'il pouvait supposer qu'Anne oubliait son chagrin dans le vin. Qu'elle soit ivre était incorrect mais pas qu'elle boive le vin avec les autres convives.

Mais dans ce cas, il convenait de respecter certaines règles de bonne conduite « Auprès d'une femme mariée ne t'assois jamais et ne bois pas de vin avec elle dans les banquets. » Apparemment, comme cela se pratique encore actuellement, les femmes et les hommes participaient au même banquet mais ne s'y mélangeaient pas afin que l'excès de boisson n'entraîne les convives à des débordements que la morale réprouve.

À Babylone, les reines boivent

En Mésopotamie, les vignes, très rares, objet de soins très méticuleux, produisaient du vin réservé exclusivement aux élites. La production était insuffisante et les Babyloniens importaient du raisin des régions montagneuses de l'est. Les Babyloniens et les Assyriens étaient considérés comme de redoutables buveurs davantage même que les Perses qui avaient pourtant une solide réputation à défendre dans ce domaine. La mythologie donne aux déesses un rôle primordial dans la connaissance et l'usage du vin et montre l'importance de la convivialité et des liens créés autour du partage du vin.

La légende relayée par Pline disait que Cyrus avait offert à Sémiramis, reine de Babylone, un somptueux calice à vin en or. Pensait-elle à lui quand elle y trempait ses royales lèvres ? Sur ses sceaux, une autre reine, Pu-abi, avait fait graver des festins où les convives, hommes et femmes, festoyaient, assis, une coupe à la main, entourés de serviteurs et de musiciens. Qu'il s'agisse d'un festin liturgique ou d'un banquet de noces, les femmes y prenaient leur part.

En se faisant représenter buvant en compagnie de la reine, sur fresque murale, dite Le festin sous la treille, Assurbanipal montrait que les femmes dans son royaume buvaient à l'égal des hommes. Et que boire était bon et nécessaire pour l'harmonie sociale. Même si cette intimité avec la reine était plutôt atypique, car à Babylone, les femmes ne participaient pas aux banquets du roi. Le roi pour célébrer un événement exceptionnel avec la reine, se retirait donc dans son jardin, à l'abri des regards indiscrets. Ordinairement, rien n'empêchait les reines de Babylone de festoyer et de s'amuser. Les harems étaient bien approvisionnés : 10 à 40 qa de vin, un qa égalant 8 à 12 litres, peut-on lire sur des listes de distribution de vin, retrouvées lors de fouilles archéologiques. Était-ce pour une fête, ou cela concerne-t-il les rations ordinaires pour une période donnée ? Rien n'est précisé. Quoi qu'il en soit les quantités ne sont pas négligeables et prouvent, s'il en était besoin, que les Babyloniennes buvaient régulièrement et officiellement du vin.

La prise en commun de boisson était un symbole de solidarité, d'alliance, de fraternité ou de camaraderie, tant pour les hommes que pour les femmes. En Mésopotamie, on ne relève aucune mention ou image d'excès, pas plus que de mise en garde contre la boisson. L'ébriété n'était pas considérée comme une déviance ou une faute. Le vin apportait du plaisir et permettait de mener joyeuse vie. Peut-être les dames babyloniennes étaient-elles si sages, ou si habiles, qu'il n'était point utile de gérer leur conduite ?

Les femmes pouvaient boire du vin dans tout l'Orient ancien. Une tolérance envers le plaisir qu'il donnait, la joie qu'il procurait, qui rendait acceptable le fait de boire. Davantage tolérante pour les buveurs occasionnels, mais sévère envers l'ivrognerie qui privait l'homme de sa raison, elle l'affaiblissait physiquement, l'empêchait de travailler, le rendait faible. Il n'y avait pas de place pour les faibles, c'était une nécessité vitale, en dehors de tout jugement moral. Chaque société gérait cela à sa manière, suivant ses propres règles de vie, Babylone n'en parlait ni ne peignait l'ivresse, l'Égypte n'en avait pas honte et les Hébreux la réprouvaient.

La Grèce et Rome, que de contrastes !

Le vin était le pétrole de l'Antiquité, c'est effectivement vrai pour la Grèce et Rome. Le vin était très abondant dans les régions montagneuses de la Grèce continentale, dans les îles de la mer Égée et en Grèce d'Asie Mineure et plus tard en Grande Grèce c'est-à-dire en Sicile et en Campanie. De là il sera acclimaté jusqu'aux confins occidentaux de la Méditerranée. Le vin était et sera longtemps, une nourriture étalon marquant la différence entre les peuples civilisés, buveurs de vin et les barbares. Cette civilisation du vin a transformé les paysages, créé des modes de culture, généré un commerce extrêmement important et a fondé un art de vivre : création de vaisselle vinaire et instauration de rites et de manières de boire le vin. Le rayonnement de la Grèce est parallèle à celui du vin. Les grandes régions grecques du vin sont inscrites dans les textes fondateurs de la mythologie et de la littérature : Ismarios, Chio et le mont Phanaeus, Thassos, le mont Tmolos. La naissance de la viticulture et les gestes des cérémonies religieuses liées au vin, les manières de boire le vin sont très présentes sur les bas-reliefs, les statues et les peintures, dans la poésie, les premiers romans, les écrits des philosophes et des penseurs. Le vin fait partie d'un idéal de vie, même très simple. L'extension de l'Empire romain est concomitante à la naissance du vignoble d'Europe occidentale et d'une culture où le vin a une très grande place.

Les femmes et le vin

Rien apparemment n'interdisait aux femmes de boire, hormis deux lois très spécifiques aux villes de Milet et de Phocée. Sur des coupes à boire, Dionysos festoie avec Ariane et des femmes avec des hommes, cependant les femmes semblent éloignées des coupes à boire et des cratères dans les pratiques de la vie publique de la cité. Contradiction, irrationalité ? Cela tient à la place de la femme dans la société grecque. Deux phrases expliquent comment la relation ambiguë des femmes et du vin s'est mise alors en place. Penthée s'écrie dans Les Bacchantes, la tragédie d'Euripide :

« Quand dans un banquet, le jus de la vigne est versé aux femmes,
C'est, je le déclare, que tout dans ce rite est malsain ».

Un peu plus tard Aristote enfonce le trait en écrivant dans *Les Politiques* « à ceci près que d'après les Lois de Platon, il doit aussi avoir des repas en commun pour les femmes ».

Dans les rites nocturnes du culte de Dionysos, les femmes tenaient une place de premier plan. En intégrant ce culte dans le calendrier religieux des fêtes de la cité, les Grecs escamotèrent le rôle des prêtresses dans une reprise en main du gouvernement de la cité. Les femmes n'eurent aucun rôle civique puisqu'elles n'étaient même pas considérées comme des citoyennes à part entière. Ce qui veut dire qu'elles ne participaient pas aux banquets publics, lors des fêtes civiques et religieuses des cités. Les maisons où elles vivaient assez recluses, en particulier dans les classes aisées, étaient leur domaine. Chez elles, elles étaient assez libres, tout en respectant leurs rôles et les règles d'un jeu dicté par les hommes. Les femmes pouvaient boire, mais pas en public. Elles buvaient donc chez elles, en catimini. Ce qui donne à cet acte, un petit côté illicite voire même un peu pervers, attisant les fantasmes masculins transformant des pratiques fort innocentes en actes répréhensibles, source de moquerie plus ou moins méchante selon les auteurs. Dans l'Assemblée des Femmes, les femmes vont en grand secret chercher le vin dans les chais obscurs, s'éclairant à la chandelle complice de leur forfait : « C'est toi, ô lampe, qui nous assiste quand nous ouvrons en secret les caves pleins du vin de Bacchus, et, quoique notre complice, cependant, tu ne nous trahis pas auprès des voisins ».

Le regard des auteurs comiques

La Grèce était une société d'hommes qui aimaient certainement les femmes mais les considéraient comme des êtres inférieurs et le seul regard que nous avons sur les femmes et leur manière d'être est un regard masculin qui peut être joyeux et presque complice comme celui d'Aristophane mais aussi plus grave et moralisateur comme celui de certains poètes, tel Léonidas de Tarente, au IIIe siècle avant J.-C., qui a laissé ces vers dans lesquels il montre que la femme qui boit délaisse ses devoirs.

« Maronis, l'œnophile, la récureuse de jarres, la vieille gît ici,
Sur sa tombe chacun voit son emblème,
Une coupe attique.
Même sous la terre elle gémit
Pas sur ses enfants, ni sur son mari
Qu'elle a laissé sans subsides.
Elle n'a qu'un regret,
La coupe est vide ! »

Ce poème fustige l'ivrognerie comme un mal qui détruit la cellule familiale dont la femme est le pilier en tant que maîtresse du foyer. Si elle transgresse les lois et les traditions, la femme est fautive. La première transgression est de se précipiter sur les jarres et de boire le vin pur sans le mélanger. Le mélange du vin et de l'eau suit des règles très strictes et y déroger, c'est se mettre en marge des règles sociales. La deuxième est de boire seul. La Grèce tolère l'ébriété mais pas l'ivrognerie solitaire, bien loin de l'enthousiasme divin suscité par le vin. À la suite de Platon, les auteurs insistent sur le partage convivial du vin. Le vin doit rapprocher les êtres et non les séparer. Chez l'homme comme chez la femme cela est considéré comme une déviance.

Aristophane a beaucoup raillé les femmes qu'il dépeint dans ses pièces comme de fieffées buveuses. Les femmes grecques aiment le vin, en boivent fréquemment et tiennent fort bien le vin ainsi qu'il l'écrit dans *Lysistrata* :

Démobilisette : Alors, comment va-t-on jurer ?
Minouche : Ma foi, je vais te le dire, moi, si tu veux. Nous allons poser une vaste coupe noire, le ventre en l'air, immoler comme mouton une jarre de vin de Thasos, et jurer sur la coupe de ne jamais mouiller… notre vin.

Dans cette scène très parodique, les femmes transgressent deux fois les traditions : elles sacrifient aux dieux comme les prêtres et boivent le vin pur, c'est un grossissement voulu pour accentuer l'effet comique.

Aristophane, qui dit avoir renoncé à se moquer des femmes dans la parabase de *La Paix*, ne peut s'empêcher de mettre en scène leur penchant pour la boisson, qui les pousse à des audaces insensées. Ce n'est pas une moquerie méchante ou moralisatrice, nous sommes dans le domaine de la farce et Aristophane imagine des femmes prêtes à tout pour boire ou un peu éméchées pour créer des situations cocasses. Il semblerait même que ce soit davantage les ruses qu'elles emploient pour boire que le fait de boire qui amuse cet auteur.

Dans *Les Thesmophories*, il joue sur un comique de situation et la polysémie du mot fillette. Des femmes ont déguisé une outre pleine de vin en fillette que Mnésiloque, pour se sortir d'une situation difficile, a pris en otage. Lorsqu'il découvre la supercherie, le dialogue avec la soi-disant mère de l'enfant est succulent jusqu'au bout.

Mnésiloque (au bébé) : Mais toi, ôte ton burnous, vite ! Et de ta mort, enfantelet n'accuse au monde que ta mère ! Hein ? Quoi ? La mominette se révèle une outre pleine de vin et chaussée de babouches ? Ô femmes ! Tisons de l'enfer, fieffées pocharades qui vous ingéniez à tirer à boire de n'importe quoi ! Vous êtes la bénédiction des mastroquets mais pour nous autres, quel gouffre ! Et dans ce gouffre vous jetez aussi les ustensiles et le trousseau… Mais réponds-moi un peu, toi. Tu dis que tu lui as donné le jour ?
Miette : Oui. Neuf mois je l'ai porté !
Mnésiloque : Tu l'as porté ?
Miette : Oui, par Artémis !
Mnésiloque : Ta santé, hein ? Par triples rasades ?

Miette : Comme tu m'as traitée ! Déshabiller effrontément ma fille, ma pitchounette !
Mnésiloque : Si pitchounette que ça ?
Miette : Elle n'est pas grande voyons !
Mnésiloque : Elle va sur ses combien ? Trois, quatre litrons ?
Miette : Environ, et en plus, ce qui s'est écoulé depuis les vendanges. Allons, rends-la moi !
Mnésiloque : Elle ? Non pour de dieu.
Miette : Alors, on va te brûler.
Mnésiloque : C'est ça, brûlez ! Mais elle va être égorgée à l'instant !
Miette : Non, je t'en conjure ! Fais de moi ce que tu veux, mais, épargne-la !
Mnésiloque : Tu as la fibre maternelle très développée. Mais c'est égal : elle va être égorgée ;
Il éventre l'outre.
Miette (éperdue mais ne perdant pas le nord) : Ah, mon enfant chéri ! Margot, passe-moi le calice que je recueille au moins le sang de mon enfant !

Aristophane considère avec indulgence le goût des femmes pour le vin et pense, à l'instar de certains de ses contemporains, que cela fait partie des plaisirs de la vie. Il raille plutôt, par le biais du vin, la solidarité féminine, la complicité dont font preuve les femmes entre elles qui leur donnent une force et une audace dont elles ne feraient pas preuve individuellement.

Les hommes ne réprouvaient-ils pas les femmes qui buvaient en fonction de leur propre regard sur l'ivresse solitaire et de leurs propres fantasmes, selon la phrase de Montaigne : « Chacun pèse sur le péché de son compagnon et rend léger le sien » ? Les femmes vivaient dans un univers un peu secret du fait de l'exclusion des femmes de la vie de la cité où elles s'offraient les plaisirs que les hommes s'étaient réservés. Sans doute plus coupables de vouloir être les égales des hommes que de boire !

La femme au banquet

Les femmes étaient exclues des banquets des cités où prenaient place les citoyens. À l'écart des citoyens, elles buvaient seulement des vins doux, mieux adaptés à leur constitution selon la théorie des humeurs d'Hippocrate. Celles qui bravaient cet interdit s'exposaient à la réprobation des citoyens. Il fallait s'appeler Aspasie, être la compagne du grand Périclès, pour oser s'asseoir au milieu des hommes et se moquer du scandale provoqué. Les convives de ces banquets risquaient pourtant peu d'atteindre l'ivresse rapidement en buvant un mélange d'une part de vin pour trois parts d'eau. Lors des banquets publics, tout était organisé pour éviter l'ébriété.

Les choses étaient différentes, lors de la deuxième partie du banquet, le symposium. À l'origine, le symposium était une réunion masculine qui jouait la fonction symbolique d'intégration des citoyens à la vie publique, de participation à la vie politique. C'est ainsi que Platon le conçoit dans *Le Banquet*. Les hommes échangeaient des propos sur la politique, la religion, la société, la morale, ils y chantaient aussi, déclamaient des poèmes et jouaient des scènes de pièces de théâtre. Au fil du temps, cet aspect du symposium prit de plus en plus de place, on fit alors appel à des comédiens et chanteurs professionnels, des artistes – chanteuses, joueuses de flûte ou de cithare, danseuses – qui venaient distraire la société d'hommes réunis pour boire. Et, peu à peu, à partir du IVe siècle avant J.-C., les femmes furent admises au symposium, des courtisanes et des hétaïres qui distrayaient les hommes d'une tout autre manière. Les jeux, les chants et les danses érotiques firent alors leur apparition et le symposium devint une réunion libertine. Sur les vases à boire de cette époque, les artistes comme le célèbre

Euphronios, se font un plaisir de peindre les jeux de ces beuveries mixtes, le jeu du cottabe où la femme, faisant tourner par l'anse sa coupe pleine de vin, choisit comme compagnon celui qui reçoit quelques gouttes de vin. Jeu de hasard de l'amour où la femme mène la danse. Dans une société où les philosophes se posaient la question de l'existence d'une communauté de femmes à la disposition des hommes, l'inverse est représenté par la femme qui choisit l'homme et boit avec eux. Nous sommes loin des réunions strictement masculines dédiées aux choses de l'esprit et plus proches des délires bachiques, des satyres. Platon est vaincu par le délire dionysiaque !

Il restait un espace où hommes et femmes partageaient les coupes, dans des rites qui venaient de l'Asie Mineure : les banquets funéraires. Ils étaient avant tout un rite familial, même si au fil du temps, ils prirent une dimension sociale. En se réunissant autour de la tombe du défunt, les vivants rappelaient que la mort était inéluctable et qu'il était indispensable de profiter des bonheurs terrestres tant qu'on le pouvait. Et boire du vin faisait partie des plaisirs de la vie. Pour cette occasion, hommes et femmes communiaient ensemble dans ce geste épicurien de mémoire.

Dans le pays où un dieu était venu apporter aux hommes la boisson qui leur procurait l'oubli des peines et des vicissitudes de la vie, leur apprenait à cultiver la vigne, à vendanger et à faire le vin, le vin restait une affaire d'hommes. Les femmes restaient exclues des banquets civiques et de la consommation du publique du vin. Ce qui ne les empêchait pas de boire car le vin était partout et les interdits transgressés procuraient un plaisir encore plus grand. Il fallut beaucoup de temps pour que Plutarque, dans *Le Banquet des sept Sages* conçoive ainsi les relations qui s'établissaient autour des coupes partagées :

« L'objet d'Aphrodite n'est donc pas non plus le coït et l'union des corps, ni celui de Dionysos l'ivresse et le vin, mais les effets qu'ils provoquent en nous par ces moyens, la gaieté, le désir, l'intimité, les relations qui nous lient les uns aux autres... Dans une réunion d'hommes ordinaires qui n'avaient aucune relation entre eux et qui ne se connaissaient guère, c'est Dionysos qui assouplit pour ainsi dire leurs caractères, en les humectant de vin comme on assouplit le fer en le chauffant et qui provoque un début de mélange et d'amitié entre eux... »

À Rome, de l'abstinence à l'orgie

Les Étrusques invitaient leurs épouses au banquet qu'ils partageaient dans une complicité et une parfaite harmonie. Les Grecs considéraient cela comme une promiscuité propre à favoriser le flirt et la séduction entre des personnes de sexes différents. Plus tard, les orgies romaines narrées par Pétrone et d'autres auteurs satiriques donnent l'image d'une convivialité débridée. Entre ces deux époques, les Romains sont passés par des phases d'interdictions sévères et ont mis de longues années à admettre la conception libérale d'une convivialité mixte. À Rome pendant longtemps, il ne fut pas permis, officiellement, aux femmes de boire du vin.

À l'origine, Romulus était entouré d'hommes rudes à qui il avait donné des épouses conquises par la force. Ces pauvres Sabines devaient être les mères d'un peuple nouveau, fort et en bonne santé. Cela impliquait la vertu, la modération et l'abstinence.

La Rome républicaine resta vertueuse. Elle appliqua à l'égard des femmes le même genre d'interdiction qu'en Grèce, mais leur vertu, voire leur puritanisme, les poussa à des extrémités beaucoup plus insupportables pour les femmes. Les républicains romains étaient d'une grande sobriété et buvaient peu, aussi longtemps que le vin fut une marchandise rare dans le Latium. Sa consommation était réservée aux hommes, lors des grandes cérémonies. Par conséquent, ils interdisaient à leurs femmes de boire du vin : « Temetum mulier ne bibito (que la femme ne boive pas de vin) », martelaient les pères fondateurs qui leur autorisaient seulement la piquette ou le passum, un petit vin doux. Et le *pater familias* ne transigeait pas avec la morale ! Pour avoir bu du vin au tonneau, la femme d'un certain Egnatus Maetennius fut battue à mort par son mari, absous de ce meurtre par Romulus. On raconte aussi qu'une dame, pour avoir fracturé le coffret où l'on rangeait les clefs du cellier, fut contrainte par les siens à mourir de faim.

Pendant longtemps, on fit du vin un usage très modéré. La loi de Romulus obligeait les femmes à être sobres jusqu'à l'âge de trente-cinq ans, ce qui, sur un registre plus gai, fait dire à Horace : « c'est la déplorable condition des jeunes femmes de ne pouvoir noyer leurs soucis dans les coupes de vin ».

Les descendants de Romulus imposèrent un code moral très méditerranéen où la femme était surveillée par toute la parentèle masculine. Ils inventèrent le contrôle du baiser que Pline comme Caton et d'autres auteurs latins évoquèrent : « Chez les romains, l'usage du vin est défendu aux femmes. Mais il leur est permis de boire du vin cuit. Ce vin se fait avec du raisin cuit et est semblable au goût au vin léger d'Agosthène ou de Crête. Lorsque la soif les presse, c'est donc avec cette boisson qu'elles l'apaisent ; mais si l'une d'elles a bu du vin, elle ne peut celer le fait ; d'abord parce que la femme n'a pas à sa disposition les clefs de la cave où l'on met le vin, ensuite parce qu'il faut qu'elle baise sur la bouche ses parents et ceux de son mari, jusqu'aux fils de ses cousins, et cela tous les jours et dès qu'elle les aperçoit. Aussi, ne sachant pas à qui elle doit parler, ni qui elle doit rencontrer, elle se tient sur ses gardes. En effet, si elle avait le moins du monde goûté à du vin, il n'y aurait pas besoin d'autre indice pour faire découvrir son délit. ».

Si les femmes contrevenaient à cette interdiction, elles étaient sévèrement châtiées. Selon « Le mari est juge et censeur de sa femme, écrit Caton l'Ancien, son pouvoir est sans appel ; si elle a mal agi, il la punit, si elle a bu du vin ou commis un adultère, il la tue ». Souvent la punition n'allait pas jusqu'à la mort, mais la répudiation ou l'aliénation de sa dot pouvait sanctionner ce type de délit. Ce contrôle du baiser, très subjectif, qui maintient la femme à la merci des hommes, a dû permettre à plus d'un mari de se débarrasser d'une épouse devenue indésirable avec la complicité de ses pairs. Et à plus d'un homme de profiter de ce droit pour abuser des femmes.

Même si les auteurs exagèrent ces souvenirs légendaires, il n'en reste pas moins, qu'aux premiers siècles, par nécessité ou par devoir, pour la sauvegarde du foyer et le respect dû à la famille, pour préserver la pureté du sang, le niveau moral des individus restait élevé. Pour ces hommes sévères, le vin ne pouvait conduire qu'à l'ivresse et l'ivresse à la débauche. Les excès de Bacchus ne pouvaient conduire qu'aux désordres de Vénus.

Les femmes se libèrent

Ce n'est qu'à la fin de la République que le luxe devient chose commune, luxe qui sera associé selon les auteurs de l'époque à la dépravation des mœurs. Sous l'Empire, les femmes de l'aristocratie partageaient les banquets et en offraient, tout comme elles pouvaient offrir des libations à l'exemple de la reine Didon. Pline raconte aussi que « Julia Augusta disait devoir ses 86 ans au vin de Pucinum, le seul dont elle eût usé » Chez elles, et quand leur âge le permettait, elles avaient droit à certains vins comme la lora, une sorte de piquette, des vins de liqueur très sucrés comme le passum et divers moûts cuits. Martial, toujours moqueur et piquant, donne d'amusants conseils aux hommes : « Que ta fille soit affectueuse, qu'elle soit riche, mais aussi qu'elle boive du vin doux : l'amphore neuve aujourd'hui vieillira avec sa maîtresse ». Ovide met un bémol à cet enthousiasme, qu'une femme boive certes, mais qu'elle ne s'enivre pas, c'est une question de décence : « Boire est plus à propos et siérait mieux aux femmes ; les fils de Vénus et Bacchus s'accordent assez bien. Encore fait-il que ta tête puisse le supporter, que ton intelligence et ta démarche n'en soient pas troublées, que tes yeux ne voient pas double. Quel spectacle honteux qu'une femme étendue par terre, gorgée de vin ! Elle mérite que le premier venu la prenne. »

Durant les siècles suivants tout change, la deuxième partie de l'orgie, la *comissatio*, est uniquement consacrée à boire. L'assemblée tirait au sort le roi ou la reine de la table qui dirigeait la marche du repas dont les fonctions étaient de décider du mélange du vin et de l'eau et, selon son envie de s'amuser, de transformer cette partie du banquet en un moment convivial plein de décence ou en une beuverie sévère.

Boire est pire pour une femme

Concernant les classes populaires, les témoignages sont moins fréquents et beaucoup plus lestes. Ils proviennent principalement des poètes satiriques et des témoignages que fournissent les fouilles archéologiques. Ces hommes et ces femmes travaillaient dur mais voulaient quand même profiter des plaisirs de la vie. Ce que dit Mérope, une esclave, sur l'inscription qu'elle fait graver sur la tombe de son compagnon : « Les bains, les vins, les amours nous ruinent la santé, mais la vie c'est les bains, les vins, les amours. »

Mais comme en Grèce, où elles étaient considérées comme incapables de dominer leurs pulsions ou leurs penchants, elles étaient la cible de certains poètes qui fustigeaient l'ébriété des femmes, objet perpétuel de réprobation. Les poètes satiriques s'en donnèrent à cœur joie, d'une manière beaucoup plus crue que leurs prédécesseurs grecs.

Martial, dans un style mordant, souvent d'une licence excessive, fustige l'attitude d'une femme saoule de vins :

> « La tribade Philaenis ne se met à table qu'après avoir vomi sept setiers de vin pur, et elle croit pouvoir revenir à ce chiffre lorsqu'elle a absorbé seize pains de régime pour athlètes. Mise en rut par cela, elle ne s'adresse pas aux hommes – cela lui paraît peu viril – mais ses lèvres s'attachent avec frénésie aux ventres des jeunes filles ».

Connu pour forcer le trait, il condamne la femme qui, ivre, agit comme un homme, l'esprit dominé par les sens, à moins qu'il ne règle des comptes avec des mœurs homosexuelles qui n'étaient pas de son goût.

Idée reprise par un de ses amis, Juvénal, autre grand poète satirique, connu pour la véhémence, l'enflure et l'exagération d'un style qu'il utilisa pour s'indigner des vices de son siècle. Parmi ses *Satires* sur les femmes, deux concernent le vin, le trait y est féroce, excessif. La première est un plagiat outré d'Ovide :

> « Quelle réserve attendre de la passion sensuelle quand le vin s'y ajoute ?
> Elle est capable, dans ses caresses, d'étranges confusions,
> Celle qui, jusqu'au milieu de la nuit, mord dans d'énormes huîtres,
> Tandis qu'écument les parfums versés dans le falerne
> Et que, buvant à un vase en forme de coquille, elle croit voir le plafond tournoyer
> Et le nombre des flambeaux doubler sur la table ».

La deuxième évoque les mystères religieux, librement inspirée d'Euripide.

« On sait ce qui se passe aux mystères de la Bonne Déesse, lorsque la flûte aiguillonne les reins
Et que, sous la double influence de la trompette et du vin, hors d'elles-mêmes
Les ménades de Priape tordent leurs cheveux et poussent des ululements.
Quel ardent besoin de l'étreinte se déchaîne alors en elles !
Quels cris dans le bondissement du désir !
Quels torrents de vieux vin le long de leurs jambes toutes trempées ! »

Rien de nouveau, toujours les mêmes rengaines et l'apparition d'ingrédients aphrodisiaques comme les huîtres que l'on retrouvera plus tard dans la littérature érotique qui renforce le pouvoir du vin qui tourne la tête, à quoi s'ajoute la musique lancinante.

Le vin ne peut qu'exciter les sens, poussant à la lubricité et à la fornication. Les femmes, de constitution faible et à l'âme moins trempée, sont incapables de résister à la tentation de boire. Il faut donc les tenir éloigner des coupes. Une misogynie qui leur tolère l'eau rougie et les petits vins sans force, doux de préférence qui conviennent à leurs palais peu sensibles aux arômes. Propos d'un autre âge ? Certes, mais intemporels, comme nous le verrons !

DU MOYEN ÂGE À NOS JOURS

Lorsque l'Empire romain vacilla et que les barbares arrivèrent avec d'autres valeurs et d'autres manières de boire et de manger, le vin retrouva, dans les régions occidentales de l'Empire, un concurrent qu'il connaissait déjà, la bière. Mais il put compter sur un allié puissant, l'Église. Le vin comme le pain et l'huile devint un symbole sacré pour la liturgie chrétienne. Aux premiers temps du Moyen Âge, les moines, propagateurs de la foi chrétienne avec le clergé urbain, furent les pionniers de la viticulture et les premiers viticulteurs en Europe, défrichant des vastes territoires vierges et incultes. Les rois et les aristocrates les imitèrent très vite, là où ils installèrent leur pouvoir. Le vin triompha en Europe à partir du haut Moyen Âge et devint la boisson quotidienne. Dans les régions septentrionales de l'Europe, objet d'un commerce très organisé, il était réservé à l'élite, alors que la cervoise restait une boisson populaire et le cidre, une boisson marginale. L'eau, porteuse de germes et de maladies, n'inspirait guère confiance. Coupée de vin, elle était rendue plus saine et meilleure. Le vin mêlé ou l'eau rougie restèrent profondément ancrés dans la culture populaire. Si le vin assainissait l'eau, l'eau de son côté tempérait souvent l'acidité du vin et diminuait son degré alcoolique. C'est pour cette raison que l'eau rougie fut longtemps la boisson ordinaire des populations, et plus particulièrement des femmes, des enfants, des vieillards, une boisson rafraîchissante qui n'enivrait pas. À une époque où le sucré n'était pas la saveur préférée, le vin tenait la place que les sirops ont prise maintenant dans nos boissons quotidiennes.

La société d'Ancien Régime oppose deux images de la femme qui boit. La première affiche des faces réjouies lors de banquets et de fêtes, d'accortes personnes qui se laissent lutiner dans les auberges ou les bals, les flirts des soupers galants. La seconde porte le visage grave des paysannes de Le Nain ou sévère des dames protestantes flamandes, synonyme de tempérance quotidienne et de la vertu par le travail. Entre ces deux, on peut observer un large panel d'attitudes et de comportements, révélateur des tendances à l'hédonisme, à l'épicurisme ou à la sage vertu de l'espèce humaine.

Tempérantes à la campagne

Pendant le bas Moyen Âge, les grands bourgeois des villes, les paysans les plus riches, les laboureurs devinrent vignerons-propriétaires. Plus tard, ce fut au tour des petits paysans vignerons et des ouvriers agricoles, en particulier dans les vignobles sur-urbains, d'acquérir des vignes, puisque le vin était devenu l'objet d'un commerce rentable. Il n'existait quasiment pas de monoculture de la vigne, la plupart des petites et moyennes propriétés pratiquaient la polyculture, à la fois pour ne pas épuiser les sols et pour se prémunir des disettes. Le spectre des famines rôdait toujours.

Durant les XIIe et XIIIe siècles, la majorité des exploitations rurales en Occident possédaient quelques arpents de vigne, qui fournissaient au paysan et à sa famille le vin nécessaire pour étancher leur soif tout au long de l'année. Elles possédaient également un pressoir, des cuves et des tonneaux dans des caves. Les plus pauvres essayaient de devenir propriétaires d'une parcelle de vigne à défaut de l'être de leur habitation. Les témoignages sur les manières de vivre à la campagne sont rares, les sources fiables sur l'alimentation paysanne proviennent des traités agronomiques et de mémoires adressés par des médecins aux Sociétés royales de Médecine. Elles permettent des extrapolations car les mœurs paysannes sont restées assez stables jusqu'au milieu du XIXe siècle et au-delà, pour les régions les moins faciles d'accès. La mise en parallèle de ces comportements donne une image assez précise des manières de boire à la campagne. Le vin, omniprésent, était considéré une boisson réconfortante, à haute valeur nutritive qui accompagnait tous les repas. Ce n'était que lors des repas exceptionnels, les banquets, les repas de fêtes familiales et religieuses, les baptêmes, les mariages, les grandes fêtes religieuses, les repas d'enterrement, de moisson et de battage ou de vendange que l'on buvait le meilleur vin, gardé précieusement dans les caves ou les celliers pour les grandes occasions.

Les souppes de Jeanne d'Arc

Les repas quotidiens de tous les paysans comprenaient du pain et du vin, les aliments indispensables du régime alimentaire de base jusqu'au XIXe siècle. Au lever, on se sustentait de bouillies, de châtaignes et de « souppes » au vin. Les souppes sont des tranches de pain arrosées de vin selon les préceptes du Ménagier de Paris : « Prends du pain blanc et fais le rôtir bien roux sur le grill et le mets tremper en fort vin vermeil ». Pourquoi tremper son pain ? La majorité des paysans boulangeaient eux-mêmes des pains assez rustiques, composés le plus souvent de céréales pauvres en gluten ou de farines de légumineuses qui lèvent mal. Les pains cuisaient sous la cendre ou dans des moules de terre cuite et devaient durer au moins une semaine. Au bout d'un moment, devenus durs comme la pierre, il était nécessaire de les tremper dans de l'eau, du vin ou du bouillon pour ne pas se casser les dents dessus. D'autant que les dentitions étaient moins solides et moins complètes que maintenant ! Et c'est ainsi que l'ancien verbe francique *suppa*, signifiant tremper, donna son nom aux tranches de pain.

Du pain et de l'eau rougie, désaltérante et revigorante, transportée dans des outres de peau ou des cruches en terre, quelques châtaignes, du fromage, des oignons pliés dans une serviette. C'était l'ordinaire des campagnardes aussi bien pour le dîner, la collation du matin et le goûter, souvent pris dans les champs. Le souper réunissait l'ensemble de la maisonnée. Au menu : des potages ou des ragoûts de légumes, de légumineuses et de céréales et du pain trempé dans du vin léger, voire de l'eau. En périodes fastes, l'ordinaire était amélioré par de la viande bouillie posée sur un tranchoir, mais toujours l'eau et le vin mêlés. La vaisselle étant réduite à sa plus simple expression, on buvait souvent le vin à même le pichet de terre cuite ou d'étain qui circulait parmi les membres de la famille, au mieux dans des gobelets de bois ou de terre cuite ; par conséquent, tout le monde buvait la même chose. Louis Le Nain, au XVIIe siècle, montre la pérennité des us et coutumes paysannes, les modes de vie n'ayant guère évolué. Hommes, femmes et enfants sont groupés autour du foyer, un banc, recouvert d'une serviette, fait office de table. Le pain et le vin sont mis en évidence, portés par le père et la mère, le vin versé dans un verre transparent qui s'oppose à l'unique pichet de terre, manière pour le peintre de montrer l'importance de cette boisson et son caractère sacré pour les paysans et les paysannes. Les visages de ces paysans tranchent considérablement des faces joyeuses que l'on remarque sur les représentations de fêtes campagnardes. Le vin chez les paysans des frères Le Nain n'est pas le vin des réjouissances, c'est le vin qui réconforte à la fin d'une dure journée de labeur, un vin qui est une nourriture à part entière.

Le temps de la piquette

« C'est, voirement, de la charge du maistre, que le gouvernement des vins, principalement, par ce qu'il est homme, aimans les hommes telle liqueur, toujours mieux que les femmes. Pour laquelle cause la mère-de-famille se soucie plus des trempés que le père-de-famille, qui volontiers lui en laisse la disposition ». Ces mots émanent d'un esprit éclairé du début du XVIIe siècle, Olivier de Serres, et mettent en évidence des usages courants et pérennes.

Dans le Sud de la France où réside Olivier de Serres, la plupart des exploitations disposaient de vignes et de caves dès les XIIe et XIIIe siècles. Par conséquent, un couple de paysans disposait d'environ quatre litres de vin par mois pour son usage personnel. Quatre litres par mois, un litre par semaine, environ un huitième de vin par jour, cela est peu, il fallait alors le consommer avec parcimonie. Jusqu'au

XVIIIe siècle, en Languedoc, Provence et Alsace, certaines sources affirment qu'hommes et femmes consommaient un demi à un litre de vin par jour. Les paysans et les paysannes ne buvaient que fort peu de vin pur. Le vin des propriétaires de vignobles et des classes les plus aisées était un vin issu d'excellents cépages, bien vinifié et plus fort en degré alcoolique, au contraire des vins légers des plus pauvres, issus de cépages plus grossiers aux rendements abondants.

Si les paysans buvaient peu de vin par manque de moyens et peu d'eau par peur de son insalubrité, que buvaient-ils donc ? Cette fameuse « piquette » – ou « petit vin » – appelée aussi « pinpin », « buvande » ou « dépense » qui est un vin de pressurage. « Car d'autre plus avantageuse façon le marc y est employé, faisant d'icelui avec de l'eau, du vin de despence pour la boisson des serviteurs et des manœuvres » pour Olivier de Serres. La piquette était obtenue en faisant macérer le marc contenant les peaux et les rafles de raisin dans de l'eau que l'on pressait ensuite comme du vin et qui donnait une boisson colorée et âpre qui se conservait de moins en moins bien selon le nombre de pressurages et la quantité d'eau qu'elle contenait. Tous les paysans possédaient dans leurs celliers des tonneaux ou des bonbonnes de bon vin et de petit vin. Le vin, qui était beaucoup moins alcoolisé que maintenant, fournissait aux travailleurs de force des calories tandis que le petit vin ou piquette rafraîchissait, désaltérait ceux qui la buvaient.

L'autre solution consistait à rougir l'eau, c'est-à-dire à rajouter de l'eau dans un peu de vin ce qui permettait d'obtenir une boisson, faite à la demande, qui s'altérait moins. Cette eau rougie était bue autant dans les champs que lors des repas, par économie ou habitude de sobriété. Fils de laboureur devenu homme de lettre, Restif de la Bretonne, a publié plusieurs romans dans lesquels il parle de la vie de sa famille et des paysans de la région d'Auxerre dont il est natif. Dans *La Vie de mon Père*, il décrit les habitudes paysannes de la fin du XVIIe siècle : « Pour le vin, comme le père de famille en usait peu et qu'il n'en avait pris l'usage que fort tard, il n'en buvait que de vieux. La mère de famille ne buvait que de l'eau que son mari n'avait pas eu peu de peine à l'engager à rougir seulement par une idée de vin. Les enfants buvaient tous de l'eau, sans exception. Les garçons de charrue et les vignerons buvaient un vin qui leur était beaucoup plus agréable que celui du maître ne leur avait paru : c'était le vin de pressurage passé par un râpé de rafles de raisin. » On remarque une sorte de hiérarchie dans les boissons, la plus forte et la meilleure : le vin vieux au chef de famille, laboureur respecté de sa communauté, l'eau aux femmes et aux enfants, qui restent à la maison et s'occupent des tâches considérées comme peu fatigantes, et la piquette aux ouvriers qui ont besoin de se désaltérer et de reprendre des forces.

On peut aussi penser que cette austérité était due au fait qu'un laboureur ne possède que peu de vignes et qu'il répugnait à faire dépense de vin. Mais les vignerons faisaient souvent preuve de la même sobriété. Car un vigneron qui était entré dans une économie de marché, devait pour vivre, vendre la totalité de sa récolte et ne gardait souvent pour sa consommation personnelle que les vins les moins bons, ceux dont la vente ne rapportait rien. Encore y mêlait-il de l'eau. Les vignerons étaient réputés économes, voire : « Chiches de leur bien/Telle est la mode du païs » aux dires du Monologue du Bon Vigneron qui se vante de ne boire que le bon vin qu'il récolte. Pour lui, l'eau « ne vaut qu'en la soupe, / Je la laisse boire à ma femme. » Il ne faut pas oublier que le petit peuple des campagnes, tenanciers, petits propriétaires et cultivateurs pauvres, se nourrissait à ses frais, contrairement aux ouvriers agricoles nourris par l'employeur. Il avait donc pris l'habitude de boire et de manger de manière économique.

Un vin qui requinquait

Les eaux-de-vie, mises au point par un médecin de la faculté de Montpellier, véritables panacées, censées éloigner les maladies, cicatriser et aseptiser les plaies, requinquer les organismes refroidis et fatigués, faciliter la digestion, se répandirent au cours du XVIIIe siècle. Dans certaines régions productrices de ces eaux-de-vie, les paysans en prenaient un petit verre, le matin pour se donner du cœur à l'ouvrage. Rien n'est précisé pour les femmes qui, en revanche, ne dédaignaient pas des vins épicés, dans la composition desquels entrait de l'eau-de-vie, fabriqués à Montpellier, dès le XIIe siècle. Il en était de même des vins liquoreux qui, bien qu'appréciés de tout temps par les femmes, n'entraient pas dans les budgets des paysans, mais seulement chez les plus riches d'entre eux qui avaient les moyens de sacrifier à la mode. L'eau-de-vie que l'on distillait chez soi était certainement plus accessible. Quelques gorgées de vin étaient offertes aux femmes après leurs couches pour les réconforter, pour les femmes pauvres un peu de vin chaud ou une toastée, c'est-à-dire un pain rôti trempé dans le vin pur. Il est bien difficile de faire une différence de consommation de vin entre les hommes et les femmes. Les sources que nous avons citées n'en parlent pas, les manières de boire et manger nous sont connues essentiellement par quelques romans, des contes et des récits populaires.

Il en ressort que les femmes buvaient plutôt de l'eau rougie et de la piquette, c'est une habitude culturelle très ancienne. La femme qui buvait était toujours mal considérée. N'utilisait-on pas l'expression populaire "qu'une femme avait le vin pur aux joues" pour désigner une femme aux mœurs légères.

Le vin de la fête

« Et ce que m'apprit une dame que j'honore et prise singulièrement, que près de Bordeaux, vers

Castres où est sa maison, une femme de village, veuve, de chaste réputation, sentant les premiers ombrages de grossesse, disait à ses voisines qu'elle penserait être enceinte si elle avait un mari. Mais du jour à la journée croissant l'occasion de ce soupçon et enfin jusqu'à l'évidence, elle en vint là de faire déclarer au prône de son église que, qui serait consent de ce fait, en l'avouant, elle promettait de lui pardonner, et, s'il le trouvait bon, de l'épouser. Un sien jeune valet de labourage, enhardi de cette proclamation, déclara l'avoir trouvée, un jour de fête, ayant bien largement pris son vin, si profondément endormie près de son foyer, et si indécemment, qu'il s'en était servi sans l'éveiller. Ils vivent encore mariés ensemble. »

Montaigne, *Essais*,
livre second, chapitre deux, « de l'ivrognerie », 1588

L'austérité des jours ordinaires contrastait avec l'abondance des repas de fêtes, copieux et bien arrosés au cours desquels les convives faisaient bombance. Ces fêtes et ces repas représentaient des parenthèses indispensables au milieu d'une vie de dur labeur, souvent aléatoire. Ils étaient vécus comme des moments de défoulement et d'oubli des difficultés, une occasion de se requinquer aussi l'âme. Les grandes fêtes officielles, religieuses ou non, attiraient des foules de villageois des alentours qui venaient participer à ces festivités. C'était souvent l'occasion de beuveries mémorables, la multitude présente multipliait les possibilités de rencontres nouvelles et les occasions de boire. Évidemment, la morale publique réprouvait ce type de défoulement, ainsi que le rapporte le témoin de rogations organisées pour vaincre la sécheresse, qui se sont déroulées en 1583, dans les villages autour de Bar-sur-Seine : « Je diray franchement, raconte le chroniqueur, que ces filles blanches (vêtues de blanc et qui viennent défiler), la plupart chambrières, s'enyvroient sur le soir, et que, par après la nuict, se faisoient embrasser et se mectoient parmy les bledz pour exercer paillardise et toute aultre dissolution...» Quand Eros aiguillonne Bacchus...

Le goût du vin pur

Lorsque vers le milieu du XVIIIe siècle, la viticulture populaire se développa, l'usage de boire du vin, du vin pur s'est répandu également. C'est un fait nouveau puisque, quelques années plus tôt, Restif de la Bretonne, relate qu'un jeune paysan de Nitry, n'avait, à vingt ans, pas encore bu de vin « suivant l'usage d'alors ». Les paysans-viticulteurs avaient planté des cépages communs, plus productifs et peu chers, partout, autant sur les terres infertiles qu'hélas, sur les terres à blé. Plus de vin produit, plus de vin bu. On ne buvait plus parcimonieusement la piquette tirée du moût des bons vins, mais des vins plus grossiers durant les repas et non plus exceptionnellement lors des fêtes et réjouissances. Ce qui eut pour conséquence, dans certaines régions, une action bienfaisante du vin sur la santé. Par exemple en Limagne, les paysans des contrées marécageuses avaient vu disparaître leurs fièvres et leurs goitres depuis qu'ils avaient remplacé l'eau par du vin, écrit un médecin dans son rapport à l'Académie royale de Médecine.

Les mœurs changeaient et cette évolution touchait aussi les vins. Les vins blancs, réservés jusque-là aux plus riches, commencèrent à être appréciés par les travailleurs manuels, du moins dans les régions où il était produit. La jeune Pérette de *La Vie de mon Père* boit avec son grand-père et un invité du Chablis pour accompagner une collation de fromage. Le niveau de vie augmentait, les comportements s'en trouvèrent modifier d'autant. Au XVIIIe siècle, les plus modestes des paysans eurent ainsi accès à des vins meilleurs et en quantités suffisantes pour pouvoir les boire purs. Catherine, une fière ribaude qui aime le malaga, héroïne du roman de Balzac, *Les Paysans*, confirme cette évolution. Catherine ne craint pas de lever le coude chez elle, mais aussi au café du bourg voisin où le tenancier vend un vin cuit de sa fabrication.

L'influence des cafés et auberges campagnardes

Honoré de Balzac termine l'écriture de son livre en 1845 et fait vivre ses personnages en Bourgogne, vers la région d'Auxerre ; cependant les mœurs qu'il décrit ne sont pas seulement propres à cette région. Le vin cuit, ce rayon de soleil dans l'estomac, comme le dit Catherine, était un breuvage assez cher, très apprécié des paysans, que fabriquaient souvent eux-mêmes les épiciers ou les limonadiers, mais aussi les cafetiers. Cette liqueur, composée de vin, de sucre, de cannelle et autres épices, était censée guérir ou du moins soulager une foule de maux, de la plus légère douleur, du plus petit malaise aux chocs plus violents. On en faisait prendre aux femmes avant et après l'accouchement, accompagné de rôties au sucre afin de les réconforter. En quelques siècles, la fabrication et l'usage des cordiaux s'étaient étendus dans toute la France.

Balzac montre ainsi des paysannes, allant alors en toute liberté, du moins certaines, dans les cafés des villages, lieux de sociabilité, de rencontres et d'ouverture sur le monde extérieur, des lieux où se retrouver pour boire, discuter et s'amuser. Un certain nombre de peintures de Jan Steen et de Teniers le Jeune dépeignent ces auberges et estaminets où les villageois se retrouvaient tous ensemble lors de joyeuses fêtes ou pour des réunions plus intimes. Moins nombreux qu'en ville, ils étaient fréquentés par les habitants du bourg, ceux des villages alentour et des fermes isolées qui trouvaient alors des occasions de fréquenter la société et de faire des rencontres en échappant au contrôle de la communauté et de la famille. Les femmes, qui jusqu'à cette époque, ne buvaient pas de vin pur, accédèrent à cette boisson. Elles allèrent dans les cabarets en groupe ou seule lors des fêtes où l'on dansait, buvait et s'amusait beaucoup. Beaucoup de tableaux des XVIe et XVIIe siècles, comme ceux de Jan Steen, Breughel montrent cette joie populaire, ces moments de défoulement collectif. Ces auberges, cabarets et cafés allaient peu à peu faire partie du paysage du moindre petit bourg, lieu unique de sociabilité où l'on se retrouvait pour parler de tout, pour jouer aux cartes ou à des jeux de société, pour faire des affaires les jours de marchés. Et petit à petit, autour de la Révolution, s'effacèrent progressivement les différences entre les manières de boire des femmes de la campagne et de la ville. La consommation de vin était plus régulière chez soi et dans les auberges ou les cafés, car les mouvements de population vers les villes et le développement des réseaux ferroviaires et routiers rapprochèrent les villes des campagnes. Plus encore, l'émancipation des femmes par le travail, et donc leur plus grande liberté, entraîna une évolution extrêmement importante et jamais vue des mentalités, alors même que dans certaines régions, telle la Provence, « les femmes doivent boire de l'eau qui fait devenir jolie » et laisser le vin aux hommes.

D'autres manières en ville

Durant le Moyen Âge et l'Ancien Régime, les villes se multiplièrent et grandirent. Elles attirèrent de jeunes campagnards, désireux de trouver du travail dans l'artisanat et le commerce alors en pleine expansion. En ville, le niveau de vie était globalement plus élevé qu'à la campagne, les tavernes beaucoup plus nombreuses et les comportements influencés par les manières de la bourgeoisie et de l'aristocratie. Les villes développèrent des modes de vie nouveaux car la surveillance de la collectivité était moins forte et la population plus jeune comprenant, dans certaines villes, les joyeuses compagnies d'étudiants et d'« escholliers ».

L'Ancien Régime était périodiquement marqué par des guerres, des disettes et des épidémies. Les incessantes luttes d'intérêt entre le roi, les nobles et le clergé pour asseoir leur pouvoir pesaient lourd sur les populations : morts dans les batailles, sur les bûchers ou les gibets, emprisonnements et mutilations qui remettaient en cause régulièrement la survie des familles. Malgré cela, les hommes et les femmes montraient une grande vitalité et un profond désir de profiter de la vie. Les fêtes nombreuses et les réjouissances s'avéraient être des défoulements, à la fois individuels et collectifs, indispensables à l'équilibre des populations. Les nombreuses fêtes chômées – il y en eut plus de 156 par an – étaient l'occasion de dépenser cette vitalité et de s'amuser. Le peuple des villes avait besoin de vin qui lui était offert en récompense d'un travail manuel ou lors de réjouissances royales – venue d'un souverain, naissance d'un dauphin, victoire militaire – pour lesquelles les municipalités faisaient couler le vin à flot. Il coulait aussi lors des grandes fêtes laïques : carnaval, fêtes de la Saint-Jean au cours desquelles les pratiques d'inversion sociale étaient nécessaires et permettaient de supporter des existences difficiles et souvent aléatoires. Si le vin coulait à flot et qu'hommes et femmes s'enivraient, c'était le vin de l'oubli, du plaisir immédiat, le vin vecteur de joie qui donnait la possibilité d'être quelqu'un d'autre durant quelques heures. Ces défoulements provoquaient l'ire des gens bien pensants et des moralisateurs qui, tel saint Éloi, signalent, dès le VIIe siècle, l'ivrognerie comme un vice assez ordinaire en ville.

Et les femmes ? On disait qu'elles préféraient les vins doux et sucrés et plus tard, lorsqu'on sut distiller, des liqueurs à base de vin, d'alcool de vin et d'épices. Mais elles buvaient presque toutes du vin lors des repas. Les mêmes stéréotypes étaient toujours véhiculés et opposaient la buveuse, prête à se livrer à tous les excès, à la tempérante, vertueuse. Une nouvelle version de la parabole des vierges sages et des vierges folles.

Des vignes en ville

« Advocats, procureurs, marchans / Les bonnes vignes vont charchans. / Les prestres et les religieux / Mesmes en sont bien curieux : / Chacun veut estre vigneron / Pour boire, comme il dit, du bon » chantait-on dans le *Monologue du Bon Vigneron*.

C'est pour cela que les treilles étaient courantes dans les villes. Le vin était considéré en ville comme indispensable à la santé publique. L'eau des puits était si potentiellement dangereuse qu'il fallait éviter de la boire pure ou même tout bonnement de la boire. Le vin représentait, par conséquent, une provision très précieuse et il était nécessaire de posséder quelques tonneaux, au pire quelques bonbonnes dans son cellier.

Dans les pays de vignobles, tous ceux qui le pouvaient, possédaient des vignes, sises intra muros et en bordure de la ville. Sous Louis XI, une dame parisienne de la paroisse de Saint-Germain-l'Auxerrois, possédait trois vignobles, dont l'un dans les jardins même de son hôtel particulier. Ces vignobles intra muros ont eu une grande importance sur la consommation de vin des habitants des villes, achetés par leur propriétaire afin de posséder une vigne à portée de main et de pouvoir récolter son raisin en cas d'intempéries comme en temps de troubles. Ces derniers étaient nombreux à cette époque. Ainsi, quoi qu'il arrivât, les celliers pouvaient être remplis.

La plupart des hôtels ecclésiastiques, seigneuriaux et bourgeois du XIVe siècle au XVIe siècle, devaient pourvoir à leurs besoins et être auto-suffisants, leurs domaines les pourvoyaient en denrées et matières premières indispensables à la fabrication d'objets d'usage courant. Ils employaient donc, à demeure ou occasionnellement, des travailleurs manuels, appartenant à toutes sortes de corporations, nourris et abreuvés par le maître.

Mais, sauf en cas d'extrême nécessité, les maîtres et leurs serviteurs ne buvaient pas le même vin. Les serviteurs, sans distinction de sexe, avaient à leur disposition du vin pour tous leurs repas. Les lingères, les femmes de chambres, les cuisinières et même les souillons buvaient le jus de la treille, dilué, comme c'était la coutume pour l'ensemble de la population Les treilles supportaient les rameaux de vigne qui portaient des nombreuses grappes et donnaient des récoltes abondantes à défaut d'être bonnes. Les vins qui en sortaient étaient souvent de petits vins verts et âpres destinés aux domestiques et aux travailleurs occasionnels. Les vieilles expressions populaires de « jus de la treille » ou de « vin de la courtille », un ancien synonyme du mot jardin, sont restées dans les mémoires. Elles évoquaient un vin de qualité inférieure, mais apprécié du petit peuple qui n'en goûtait pas d'autre. Il connut une belle fortune.

Du vin tous les jours

Au XVe siècle, à certaines veuves de paysans et d'artisans était alloué un litre de vin par jour. Les horaires des repas et leur composition font du vin un véritable reconstituant dans la tradition du vin médecin. C'était le cas pour les malades et les miséreuses recueillies à l'Hôtel-Dieu, qui recevaient une ration revigorante de vin avec leur pitance quotidienne. L'école de Salerne déconseillait de boire de l'eau pure qui provoquait des dérèglements intestinaux et bloquait la digestion et recommandait le vin blanc et doux qui se mariait fort bien avec les saveurs piquantes, sucrées et acides qui étaient alors très prisées. Les usages culinaires voulaient que l'on boive du vin dilué qui avait un caractère antiseptique, quotidiennement, et du vin pur aux effets euphorisants, quand on faisait la fête.

Le régime alimentaire des travailleurs manuels urbains était sensiblement le même qu'à la campagne. Le déjeuner et le goûter, à la charge du maître, se composaient de pain et de vin et ils permettaient de faire une pause tout en reprenant des forces. En ville, pour gagner du temps, on avait la possibilité de s'acheter son repas chez le pâtissier ou auprès des marchands ambulants qui proposaient des nourritures prêtes à manger et d'aller remplir sa cruche à la taverne. Ce qui offrait la possibilité à de pauvres hères qui, même s'ils avaient un toit, ne possédaient ni âtre, ni bois, ni ustensiles, de se nourrir et de s'abreuver. Dans le cas contraire, ils dépendaient des reventes des regrattiers, des distributions de l'Hôtel-Dieu ou des établissements charitables et la plupart se contentaient de pain trempé, quand cela était possible, dans de la piquette. On comprend alors pourquoi, lors des réjouissances populaires, la nourriture et le vin, offerts par les municipalités, les rois et les seigneurs, étaient une aubaine pour le peuple, une rare occasion de se remplir l'estomac, de manger à sa faim et de boire à satiété et de s'enivrer de vin pur. Et sans doute, encore plus rare pour les femmes que pour les hommes qui fréquentaient davantage les tavernes où les occasions de boire du vin pur étaient plus fréquentes.

Boire hors de chez soi, tavernes et confréries

Il semblerait que certaines femmes aient été d'excellentes dégustatrices et des œnophiles compétentes. Certaines purent intégrer la seule confrérie mixte : l'Ordre illustre des chevaliers de la Méduse, créée en 1690 à La Cadière d'Azur en Provence, par le marquis de la Vibraye, officier de la marine royale. Elle accueillait les membres, frères et sœurs, qui se retrouvaient pour d'aimables divertissements lors de réunions bachiques. Mais la finalité de cette illustre confrérie était l'aide et l'assistanat pour les familles de marins exposés à mille dangers. La Méduse, l'emblème de la confrérie, est l'une des trois gorgones, une figure féminine qui avait le pouvoir sacré, auprès des marins, de protection contre les dangers de la navigation. Une des règles de cet ordre impliquait de n'être point ivrogne. La Révolution fera disparaître cette confrérie qui renaîtra dans les années 50.

D'autres femmes ne dédaignaient pas d'aller entre amies déguster des chopines de vin à la taverne, comme le raconte ce conte sous forme de farce *l'Histoire des Trois Dames de Paris* écrit par Watriquet de Couvin.

« Le jour des rois de l'an 1321, le matin avant la grand-messe, la femme d'Adam de Gonesse, Margue, et sa nièce Maroise annoncent qu'elles sortent pour acheter des tripes en ville. En réalité, elles veulent découvrir une taverne toute nouvelle. Elles y rencontrent Tifaine la Coifière qui leur propose de poursuivre leur escapade car elle connaît un endroit où l'on a du très bon vin de rivière et où on leur fera crédit jusqu'à 10 sous par personne. Il s'agit de la taverne Maillez, rue des Noiers. Les trois dames ne passent pas inaperçues et un dénommé Drouyn Baillet les prend en charge pour leur faire apprécier plusieurs vins. Elles ont déjà dépensé quinze sous mais boire leur a donné faim et elles réclament une oie bien grasse et une écuelle d'aulx. Drouyn parfait la commande en y ajoutant des gâteaux. Rassasiées, elles ont de nouveau soif et l'une d'elles réclame : "dame, foin que je dois à saint Georges, ce vin m'a fait la bouche amère et je veux avoir de la grenache !" Trois chopines sont apportées avec des gaufres, des oublies, du fromage, des amandes pelées, des poires, des épices et des noix en guise de dessert. Les dames toutefois ne sont pas désaltérées ; elles trouvent les trois chopines justes suffisantes pour goûter le vin et commandent trois quartes. Elles chantent, bavardent, comparent les vins d'Arbois, de Saint-Émilion à celui qu'elles boivent et apprécient en le gardant en bouche "pour plus sur la langue croupir", car il convient de ne pas avaler d'un trait mais de faire durer "la douceur en bouche" et la force de ce bon vin. Elles dégustent en connaisseurs expérimentés. Vers minuit, elles ont besoin d'aller prendre l'air, mais, ivres, elles sortent la tête nue, sans voile, ce qui est indécent, mais elles le sont plus encore car Drouyn les a dépouillées de leurs robes et jupes qui restent en gage chez le tavernier. Elles ne s'en soucient guère, chantent et se racontent des drôleries jusqu'à ce que le froid les saisisse et qu'elles s'écroulent dans la boue de la rue. Drouyn achève de leur voler leurs vêtements. Au petit matin, on les découvre et on les pense mortes, les maris les font transporter au charnier des Innocents. Vers midi, elles se réveillent et sortent nues en criant : "Drouyn, Drouyn où es-tu allé, apporte trois harengs salés et une pinte de vin." Le froid leur fait perdre connaissance, cependant l'affaire avait attiré des badauds qui entendirent ces trois dames réclamer à bore à leur réveil. Finalement dégrisées, elles rentrèrent chez elles, auprès de leurs maris. »

Avec ce récit, Watriquet de Couvin veut-il se moquer du goût pour le vin de ces trois femmes qui les poussent à boire jusqu'à perdre conscience ou du fait que les trois dames de Paris s'en vont entre femmes à la taverne, lieu plutôt mal considéré et, donc dissimulent à leurs maris le but de leur escapade ? Là est bien la question. Cette farce nous montre surtout l'image que véhicule la taverne et plus tard le cabaret.

Tavernes et cabarets jouaient un rôle important de sociabilité urbaine et de convivialité. Y venaient les ouvriers pour manger seuls ou en famille. On y discutait affaires et on y célébrait des événements heureux. Pourquoi donc, au XIVe siècle, l'auteur du Mesnagier de Paris le décrit comme le moutier du diable ? Pourquoi Louis-Sébastien Mercier les désigne, quelques siècles plus tard, comme le réceptacle de la lie du peuple ? Le premier voulait sans doute dissuader sa jeune épouse de s'y rendre avec ses amies et d'y dépenser futilement l'argent du ménage. Pour le second, les tavernes et cabarets étaient des lieux publics où l'on jouait et s'y bagarrait souvent et surtout où l'on rencontrait des créatures qui vendaient leurs charmes ! C'est là que l'on pouvait rencontrer la célèbre Fanchon de la chanson qui aime à rire et à boire. Beaucoup d'autres Fanchon y venaient chercher de la compagnie et une bonne fortune qui les ferait sortir de leur pauvreté. « Il n'y a que le menu peuple seulement qui se retire chez les taverniers. Les autres vont au cabaret où on s'y débauche tout autant. On y va pour crapuler, s'enivrer et pour se faire débaucher par des garces et des brelandiers, des bretteurs… » selon un édit royal du XVIIe siècle. Cette époque marquait la fin des tavernes et cabarets.

Ce sont les guinguettes, situées aux barrières de Paris et des grandes villes, qui allaient séduire les populations. Hors de portée des taxes de l'octroi, le vin y était donc moins cher. Un argument décisif pour le peuple qui y venait en famille à partir de la fin du XVIIe. Quel vin y buvait-on ? Le guinguet qui donna son nom au lieu. Le guinguet, c'est le jus de la treille, le petit vin blanc, moins cher que le rouge, cultivé dans les environs de Paris, un petit vin vert et acide qui faisait grincer les dents. « Guinguet, dit Furetière dans son *Dictionnaire*, est un petit vin qui n'a ni force, ni agrément au goût, mais qui est extrêmement vert. Tout le vignoble d'Ivry, de Vitry… ne produit que du guinguet, du vin à faire danser les chèvres ». Mais on y consommait d'autres boissons. Au XIXe siècle, quand Paris s'agrandit et que les vignobles disparurent, au profit de tenues maraîchères, on y but le vin du Midi, acheminé par le rail.

Dans les guinguettes, toute la société venait s'amuser, les familles d'ouvriers et d'artisans, des bourgeois et leurs bourgeoises, des aristocrates, des étudiants et des artistes et les fameuses grisettes qui venaient danser le quadrille et le cancan, boire du ratafia et parfois perdre leur vertu. La plus célèbre guinguette, « Chez Ramponneau », inspira à Charles Collé (1709-1783), une chanson : *La Guinguette de Ramponneau*, écrite en 1760.

« Chantons l'illustre Ramponneau,
Dont tout Paris raffole ;
L'on a chez lui du vin nouveau,
Et la fille que l'on cajole.
C'est là que Micheau
Renverse Isabeau
Sur le cul d'un tonneau… »

Et à Messieurs Francis baron d'Allarde, Désaugiers et Moreau, une comédie-folie en un acte « Taconnet chez Ramponneau, ou le Réveillon de la Courtille », en prose mêlée de couplets, qui fut donnée pour la première fois à Paris, le 23 décembre 1807.

Dans les verres des bourgeoises
« Garnache fault et ganachelle, /Vin grec et vin muscadé, /Marvoisie elle a demandé »

C'est en ces termes que le poète Eustache Deschamps se gausse des exigences d'une épouse à son mari, une femme qui a des goûts bien précis en matière de vins liquoreux, preuve sans doute d'une connaissance œnologique qui ne peut exister sans consommation.

Il était inconvenant pour les femmes de faire preuve de gloutonnerie ou d'un goût prononcé pour la boisson, elles devaient garder une attitude réservée et aimable. Chaque société érigea des règles de savoir-vivre permettant aux convives et aux amphitryons de montrer leur courtoisie et leur savoir-vivre. Ces règles, définissant les normes de la civilité et de la vie en société, étaient indispensables dans des sociétés où l'on partageait tout, même les lits et où l'on ne possédait pas de couverts personnels à table. Hormis le couteau, tranchoirs, verres ou coupes servaient le plus souvent à deux convives en même temps. Il ne fallait boire ni trop vite et ni trop souvent et vider sa bouche avant de porter la coupe aux lèvres et ne pas y tremper son pain par respect pour celui ou celle qui partageait sa coupe. Jusqu'à l'époque moderne, lorsqu'une femme était présente à table, les convives masculins devaient lui manifester de la courtoisie et de la déférence, surtout si elle était d'un rang social ou d'un âge supérieur, en lui offrant les meilleurs morceaux déjà coupés et en la laissant boire la première dans la coupe. Le repas, dans la société médiévale, était un moment important de convivialité, il était également le lieu de la sociabilité, l'espace où les convives des deux sexes se retrouvaient et où chacun devait montrer qu'il savait se tenir à table et respecter les autres convives. Parfois, cependant, les femmes aimaient à se retrouver entre elles, lors de moments particuliers comme le matin ou le lendemain de noces. Réunies autour de verres de vin et de quelques friandises, les femmes se confiaient leurs interrogations et leurs peurs, leurs expériences et leurs secrets, leurs douleurs aussi peut-être, autant de choses indicibles ailleurs que dans une intimité féminine.

Les peintres européens qui aimaient tant à peindre des repas y font souvent figurer les femmes, que ce soit Vermeer, Pieter de Hooch, Breughel, ou Bosch. Mais parmi tous ces tableaux qui montrent la grande convivialité qui unit hommes et femmes au cours de réjouissances, j'en retiendrai deux qui ont une signification particulière.

Le roi boit de Jacob Jordaens montre la célébration de la fête de l'Épiphanie. Une joyeuse compagnie lève son verre à la santé de celui qui a tiré la fève. Jordaens y peint deux femmes, le verre à la main, les joues rosies par le vin qui se mêlent gaiement à cette fête. Le visage rieur de l'une d'entre elles révèle qu'elles ne sont pas les dernières à s'amuser. On y sent une atmosphère de franche gaieté familiale, une convivialité bon enfant, une joie facilitée par le vin et le plaisir de boire ensemble.

L'Ouïe, *Le Toucher* et *Le Goût*, peints par Jan Breughel de Velours, sont tout à fait différents du premier. Le peintre y représente l'allégorie de la gourmandise sous la forme de deux femmes devant une table richement garnie. L'une d'elles est assise devant un plat d'huîtres qu'elle mange à l'aide d'une petite fourchette et tient à la main un splendide verre en cristal au socle en or richement travaillé, rempli d'un vin doré. Apologie du plaisir des cinq sens et d'un plaisir de bouche garanti.

Le meilleur pour les aristocrates

Un grand nombre de propriétés viticoles appartenaient aux membres de l'aristocratie qui produisaient les meilleurs vins, en Bourgogne, autour de Chablis, en Champagne, dans la vallée du Rhône et la région bordelaise. Des aristocrates entreprenants et fiers de leurs vins que leurs épouses et filles appréciaient et savaient déguster. Ces femmes nobles avaient leurs préférences et les correspondances qui nous sont parvenues, telles celles de la marquise de Sévigné, montrent de solides capacités de dégustatrices confirmées. Ces grands vignobles étaient les fournisseurs attitrés de la table royale où l'on buvait ce qui se faisait de meilleur. C'est ainsi que les grands crus des plus beaux vignobles français accompagnaient les soupers en petits comités ou à la cour de Versailles. À partir du XVIIIe siècle, le vin de la fête, de toutes les fêtes, le compagnon des « tête-à-tête » amoureux et des libertins était déjà le champagne effervescent, une nouveauté qui rallia tous les suffrages et dont les bulles pétillaient autant que les belles, séduites par tant de gaité et de légèreté.

Le vin dans les hôtels aristocratiques au Moyen Âge

Tout aristocrate qui se respectait ne prenait que deux repas par jour. Pourquoi seulement deux repas par jour ? Pour marquer la différence avec ceux qui étaient obligés de travailler pour vivre. La règle de vie de l'aristocratie était l'oisiveté et les loisirs, le besoin de se refaire des forces était moins pressant. Pas de déjeuner donc, le premier repas et le plus copieux était le dîner qui se prenait tôt autour de dix ou onze heures. Un potage et une viande bouillie ou rôtie les jours ordinaires, des poissons ou des œufs pochés en sauce les jours maigres, des accompagnements de riz ou de tourte de légumes et du vin, tel était le menu des jours ordinaires. Le souper, pris vers 17 heures était plus léger, on y mangeait qu'un seul plat cuisiné – un rôti, un pâté ou des œufs – suivi de fromage et de douceurs. Entre les deux repas, les nobles dames se faisaient servir un verre de vin ou de bière vers quatorze heures après la sieste qui pouvait être accompagné de quelques nourritures solides. Ce goûter permettait d'attendre l'heure du dîner. Les soupers se prenant tôt, il était donc nécessaire, un peu plus tard dans la soirée, avant de s'endormir de prendre un en-cas portant la charmante dénomination de médianoche.

La princesse Cécile d'Angleterre d'une grande frugalité ne buvait qu'une coupe de vin avant de s'endormir. Madame de Sévigné, dotée d'un appétit plus conséquent, y faisait ajouter du massepain, des biscuits et une cuisse de volaille. Au fil des siècles, les manières évoluèrent et les aristocrates prirent l'habitude du boire et manger le matin, semblable à celui des classes populaires, même si les aliments y étaient plus raffinés, par exemple du pain blanc de froment et les meilleurs vins, des vins blancs ou clairets, plus fins et faciles à digérer, jusqu'à l'arrivée du café, du thé et du chocolat.

Nobles et œnophiles à l'époque moderne ?

Habituées aux vins fins qu'elles consommaient régulièrement, ambassadrices des vins de leurs domaines, étaient-elles pour autant des œnophiles et amateurs de vin ? Certaines aristocrates montraient des connaissances réelles et un penchant pour certains crus alors que d'autres marquaient une véritable aversion pour le vin. On va s'apercevoir, à la lumière des exemples choisis, que ces attitudes sont le résultat d'une éducation et que boire du vin était et est encore un acte culturel. Pour le Grand Siècle, deux figures servent d'exemple, Mme de Sévigné et la princesse Palatine : deux épistolières qui écrivaient avec beaucoup de franchise et qui nous offraient un tableau des mœurs de leur époque.

Mme de Sévigné buvait quotidiennement de l'eau rougie. Elle avoue cependant une préférence pour les vieux Bourgogne rouges et les Chablis. Ne possédant pas de vignes, elle se faisait envoyer ce qu'elle appelait « ses petites caves » par des amis bourguignons. Elle recevait souvent un de ses oncles, l'abbé de Coulanges et aimait à goûter ses vins en sa compagnie tout en devisant des sujets en vogue à la cour et dans les salons parisiens. À moins qu'elle ne lui narrât ses voyages à travers la France chez ses nombreux amis ou chez sa fille, Mme de Grignan, dont le mari, lui fit découvrir ses vins de la vallée du Rhône qu'elle déclarait « divins ». Dans ses lettres, plusieurs fois, elle signalait la tradition de « porter des santés » aux convives de la table ou aux absents que l'on voulait honorer, et, parfois, quand elle prenait la plume après ces repas, sa main était moins assurée... ainsi qu'elle l'écrit au duc de Chaulnes :

> « Vous aurez la bonté d'excuser si ce que j'ajoute ici n'est pas écrit d'une main aussi ferme qu'auparavant : ma lettre était cachetée, et je l'ouvre pour vous dire que nous sortons de table ; nous avons bu à votre santé en vin blanc, le plus excellent et le plus frais qu'on puisse boire. Mme de Grignan a commencé, les autres ont suivi : " À la santé de M. l'ambassadeur ; à la santé de Mme la duchesse de Chaulnes. – Tope à notre cher gouverneur ; tope à la grande gouvernante. – Monsieur, je vous la porte ; Madame, je vous fais raison. " Enfin tant a été procédé que nous l'avons porté à M. de Coulanges ; c'est à lui de répondre. »

En Angleterre, on portait des toasts : « On ôte la nappe et bientôt la table est couverte de toutes sortes de vins, car même les gentilshommes d'une fortune modique ont toujours de bons vins et en grande quantité ; le milieu de la table est occupé par de fruits en petite quantité, quelques gâteaux pour faire boire et du beurre, car beaucoup d'Anglais en mangent au dessert. Tous les domestiques s'en vont à cette heure-là ; les femmes boivent un ou deux verres de vin, et au bout d'une demi-heure s'en vont toutes ensemble ; c'est alors le plaisir : il n'y a pas un anglais qui ne soit bien content à ce moment-là ; l'on boit quelquefois à faire peur et il faut que chacun boive à son tour… » raconte François de la Rochefoucauld, un contemporain de Mme de Sévigné dans *La Vie en Angleterre*, récit de son expérience de la vie anglaise. Là aussi, on retrouve ce plaisir des beuveries entre hommes dont les femmes, fines mouches, se dispensent parce que nous sortons de la sociabilité proprement dite et qu'alors les règles de comportement sont abolies.

La princesse Palatine, au contraire de Mme de Sévigné, goûtait fort peu le vin de Bourgogne, préférant la bière ou les vins de son pays natal : « Je ne peux souffrir le bourgogne, je n'aime pas le goût de ce vin et il me fait mal à l'estomac, le vin de Bacharach est incomparablement meilleur », écrivait-elle le 14 août 1718 à sa tante Louise, sa tante à qui elle avait écrit auparavant, le 14 septembre 1710 : « Je supporte très bien les vins forts, mais je ne les trouve pas agréables ; ne pouvant de ma vie prendre ni bouillon, ni potage, il faut bien que je les remplace par des boissons ; je bois, par conséquent moitié eau moitié vin, du champagne à trois ou quatre reprises ».

La princesse Palatine était surtout choquée par les tendances de la cour de Louis XIV où les femmes buvaient sec et aimaient à s'enivrer sans vergogne. Dans plusieurs de ses courriers, elle se désole de la vie de débauché de son fils, incapable d'observer une diète de plus de deux ou trois jours, qui boit beaucoup, « en compagnie de sa maudite maîtresse qui boit comme un sonneur ». Elle dut se retourner dans sa tombe lorsque les mœurs de son fils, devenu régent de France, un libertin patenté, furent devenues une règle de vie chez de nombreux aristocrates.

Vénus et Bacchus

« Sine Bacchus friget Venus », écrivait déjà Térence et avant lui le grand Aristote écrivait : « le vin rend les hommes enclins à l'amour, et l'on dit avec justesse que Dionysos et Aphrodite ont partie liée ». Toujours, le vin fut, est et sera le compagnon de la galanterie. Le vin, la bonne chère et le sexe, les trois ingrédients pour une fête des sens réussie. Les lutineries sont de toutes les époques lors des symposiums grecs, dans les étuves, les cabarets, lors des fêtes villageoises, des repas champêtres, des soupers galants et repas en cabinets privés, dans les guinguettes. Et même là où le vin est interdit, dans les pays musulmans. Il est vrai qu'il s'agit d'un calife qui ne vit que dans les Mille et une nuits, mais dans le conte « le calife et les trois poètes », le calife rencontrant la nuit dans son palais une femme prise de boisson « l'aima et elle de même, passionnément » Vin, baisers et caresses... plaisirs de bouche...

Les pires craintes des vertueux grecs et romains, l'union de Vénus et de Bacchus forment la trame des romans libertins. Si l'on en croit leurs auteurs, les hommes et les femmes du XVIIIe siècle passaient leur temps à boire comme des trous et à s'adonner aux plaisirs de la chair. On y voit des aristocrates de deux sexes, des ecclésiastiques masculins qui séduisaient et lutinaient des jeunes servantes, des jeunes filles naïves, enfermées de préférence dans des couvents. Au-delà du stéréotype, les femmes de ce siècle commencent à s'affirmer en tant que femmes et à revendiquer le droit aux plaisirs qu'elles assument.

Le vin est le compagnon de la galanterie et Molière, observateur incomparable des mœurs de son temps, montre le bourgeois gentilhomme, s'essayant à la galanterie à la manière des libertins, mais il reste un soupirant maladroit et timide :

« Un petit doigt, Phylis, pour commencer le tour,
Ah ! Qu'un verre en vos mains a d'agréables charmes !
Vous et le vin, vous vous prêtez des armes,
Et je sens pour tous deux redoubler mon amour :
Entre lui, vous et moi, jurons, jurons, ma belle,
Une ardeur éternelle.
Qu'en mouillant votre bouche il en reçoit les attraits,
Et que l'on voit par lui votre bouche embellie !
Ah ! L'un de l'autre ils me donnent envie,
Et de vous et de lui je m'enivre à longs traits :
Entre lui, vous et moi, jurons, jurons, ma belle,
Une ardeur éternelle. »

Le Bourgeois Gentilhomme, acte IV, scène 2,
1re chanson à boire.

Les soupers galants

« Boire : il faut qu'un gentilhomme, qui aspire à la connaissance du monde, conserve son sang-froid dans toutes les occasions où il doit entrer en commerce avec le beau sexe. Il est cependant important que, s'attachant au goût d'une femme, il essaie dans un repas en tête à tête si le vin la rend tendre ; il doit, dans ce cas, lui faire perdre insensiblement la raison ; une femme dans cet état ne refuse rien de tout ce qu'on lui demande ; et quand elle ne s'exécute pas, on la prend ; elle croit le lendemain qu'elle a donné ».

Ainsi écrivait un certain Chevrier dans un dictionnaire, donnant une définition du rôle que jouait le vin dans les relations galantes. Ce n'était d'ailleurs pas nouveau, et les libertins du XVIIIe siècle utilisaient les mêmes armes que leurs prédécesseurs.

Lors des soupers dédiés, au XVIIIe siècle, à la conversation entre gens d'esprit, à la joie conviviale ainsi qu'aux plaisirs gourmands, ils n'avaient retenu que ces derniers. Ils avaient fait preuve dans ce domaine d'une imagination remarquable. L'art de bien boire et de bien manger dans une atmosphère raffinée avait atteint une sorte de perfection à cette époque : plats exquis, vins fins, vaisselle somptueuse, flambeaux d'argent dont la lumière mettait en valeur les carnations et offrait une pénombre complice. Tout était en place pour faire tomber les réticences. Les soupers du régent se tenaient assez tard en soirée et étaient réputés pour leur galanterie, terme un peu faible au vu de la licence qui était de mise. Les plus coquins s'appelaient les soupers à sonnettes car les serviteurs se retiraient après avoir apporté les plats et n'étaient autorisés à revenir servir qu'à l'appel d'un coup de sonnettes. Il fallait laisser aux dames le temps de réajuster leurs tenues qui devenaient de plus en plus légères au fil des heures. Ces sonnettes pouvaient tinter pour un tout autre service. Si la vaillance des messieurs était vaincue par le vin, on sonnait des jeunes gens, appelés « mirebellais » du nom du village de Mirebeau, en Poitou, où l'on élevait une race d'âne qui, croisés avec des juments, donnait des mulets appréciés pour leur exceptionnelle résistance. Ces jeunes gens, à la virilité exceptionnelle, prenaient le relais des convives masculins épuisés ou rendus impuissants par les boissons alcoolisées, afin de satisfaire les dames émoustillées par le vin. Était-ce à un de ces soupers que Madame de Gacé connut de si heureuses voluptés ? « Les jeunes seigneurs, écrit Matthieu Marais, qui étaient à table avec elle, la firent boire du vin d'Ay dont elle s'enivra. Puis elle dansa presque nue, ensuite ils la livrèrent dans une chambre à des valets qui en firent leur plaisir. On l'entendait dire : « Ah ! La bonne journée ! »

Dans ces lieux de rendez-vous, le décor était conçu pour créer une ambiance à la fois élégante et coquine destinée à exciter l'imagination et préserver l'intimité des convives. Ainsi était aménagé le casin de Casanova à Venise :

« Ce casin était composé de cinq pièces, dont l'ameublement était d'un goût exquis. Il n'y avait rien qui ne fût fait en grâce de l'amour, de la bonne chère, et de toute espèce de volupté. On servait à manger par une fenêtre aveugle enclavée dans la paroi, occupée par un porte-manger tournant qui la bouclait entièrement. Les maîtres et les domestiques ne pouvaient pas s'entrevoir. Cette chambre était ornée de glaces, de lustres et d'un superbe trumeau au-dessus d'une cheminée de marbre blanc, tapissée de petits carreaux de porcelaine de Chine tous peints, et intéressants par des couples amoureux en état de nature qui par leurs voluptueuses attitudes enflammaient l'imagination… Une autre chambre était octogone toute tapissée de glaces, pavée et plafonnée de même… Après l'avoir averti de ne pas oublier de mettre des draps dans le lit, et des bougies sur tous les lustres et les flambeaux dans chaque chambre, je lui ai ordonné à souper pour deux personnes pour le même soir l'avertissant que je ne voulais pas autre vin que bourgogne et champagne, et pas davantage que huit plats de cuisine… Prenant la clef de la porte de la rue, je l'ai averti qu'en rentrant je ne voulais voir personne. Le souper devait être prêt à deux heures de la nuit, on le servirait quand je sonnerais… »

Les bulles du champagne

Ah ! Dès qu'il pétilla, il fit briller les fêtes et les repas ! Le champagne, frémissant et vivant, était devenu le breuvage des fêtes et des repas mondains. Cette petite mousse qui pétillait, ces bulles qui dansaient dans le verre étaient les prémices d'un plaisir garanti. Si Furetière considérait le champagne comme une charmante orgie qui ne pouvait mener qu'à des façons dignes des bacchanales les plus débridées, l'abbé de Bernis pensait tout autrement, lui qui taquinait la muse en utilisant des sous-entendus coquins pour vanter le plaisir de ce vin pétillant :

« Ce champagne est prêt à partir
Dans sa prison il fume,
Impatient de te couvrir
De sa brillante écume.
Sais-tu pourquoi ce Vin charmant,
Lorsque ta main l'agite,
Comme un éclair étincelant,
Vole et se précipite ?
Bacchus en vain dans son flacon
Retient l'Amour rebelle ;
L'Amour sort toujours de prison
Sous l'amour d'une belle. »

Le champagne, devenu le compagnon inséparable de la séduction et de la cour galante, menait droit… aux plaisirs de l'alcôve. Dans tous les romans libertins du XVIIIe siècle, on boit beaucoup de champagne. Casanova, par exemple, ne concevait pas un dîner sans champagne lorsqu'il désirait vaincre les résistances des belles qu'il convoitait. Du champagne pour n'être pas totalement ivre, mais mettre le rire aux lèvres et les rendre coquines. Il avait une prédilection pour le punch au champagne, qui les faisait « devenir folles » et qui, associé aux huîtres, devenait une arme irrésistible de séduction, faisant tomber les résistances des plus farouches ou… des plus naïves.

« Comptant un peu sur Bacchus, j'ai défendu l'eau. Mes pauvres héroïnes s'en donnèrent. Émilie même était toute en flammes. J'ai fait porter des citrons, une bouteille de rhum, du sucre, une grande jatte et de l'eau chaude, et après avoir fait mettre sur la table les autres cinquante huîtres, j'ai renvoyé le valet J'ai fait un grand punch que j'ai animé en y versant une bouteille de champagne. Après avoir avalé cinq à six huîtres et bu du punch qui fit faire des hauts cris aux deux filles car elles se trouvaient excédées par les charmes de cette boisson. Elles étaient assises devant le feu, ne faisant que rire de l'état dans lequel elles se trouvaient. Je leur servais de paravent, ne leur disant rien du plaisir que j'avais à les voir dans un désordre qui, me laissant contempler la beauté de leur sein, me ravissait l'âme. »

Casanova restait modéré dans ses propos suggérant plus qu'il ne décrivait. Le divin marquis ne contentait pas de le sabler, ni de le verser dans les flûtes, il le répandait sur les corps des belles, les faisait s'y baigner, comme dans les *Cent Vingt Journées de Sodome* où une fille est « à cheval, nue, sur un bidet rempli de vin de Champagne, et là, notre homme, armé d'une grosse éponge, la nettoyait, l'inondait, en recueillant avec soin jusqu'aux moindres gouttes qui coulaient de son corps ou de son éponge ».

Il fallait en profiter, la Révolution française se profilait à l'horizon. Alors le champagne coula beaucoup moins. Les fêtes révolutionnaires étaient surtout beaucoup plus sanglantes et l'on perdit la tête davantage sous le couperet de la guillotine que grâce aux bulles de champagne.

Après la Révolution : le monde change

La Révolution provoqua des bouleversements considérables, les richesses changèrent de mains, pour le plus grand bénéfice des bourgeois. La lame de la guillotine avait frôlé de bien près les nuques des survivants qui connaissaient le prix de la vie et désiraient en profiter. Au XIXe siècle, l'aristocratie et la riche bourgeoisie unirent par des mariages le titre et l'argent, mélangeant ainsi des manières de vivre. Les aristocrates lancées dans la société donnèrent le ton aux soirées mondaines et aux comportements dans la vie privée comme publique. En s'alliant avec les bourgeois les plus fortunés, elles imposèrent ou firent admettre peu à peu leurs goûts et leurs habitudes : vogue des soupers et des repas mondains chez soi et au restaurant, liberté de ton et d'attitude. Peut-être moins soucieuses du regard des autres et du qu'en dira-t-on que les bourgeoises dont la fortune était souvent bien fraîche, elles devinrent les phares, attirant les autres femmes qui les copièrent. Il s'agissait là davantage d'une aristocratie des grandes villes, car en campagne, les nobles restés ou retournés sur leurs terres vivaient plus simplement ayant repris leur mode de vie plus frugal de gentilshommes campagnards.

Les chansons populaires dévoilent d'autres comportements plus gaulois, moins policés de joyeuses fêtes et beuveries, du plaisir de perdre la tête, de l'amour du bon vin dont les femmes ne sont pas absentes. Du coup, dans la littérature « officielle », les femmes qui aiment boire sont présentées comme des exemples à ne pas suivre, quels que soient les milieux d'où elles viennent. C'est l'image de la déchéance, d'un milieu perverti et mauvais. C'est la Catherine des *Paysans* de Balzac, « une fière ribaude qui aime le Malaga », opposée à la sobre et vertueuse Geneviève. C'est Gervaise dans *L'Assommoir*, repasseuse et grande buveuse devant l'éternel qui engendrera *Nana*, dont la déchéance, d'après Zola, est due à l'alcoolisme de sa mère. Ce sont des buveuses d'absinthe des tableaux de Degas. Moins noir, plus gaillard, le monde des filles entretenues ou des pensionnaires des maisons closes des romans d'Huysmans ou de Maupassant, le monde de la galanterie, du bordel que peint Toulouse-Lautrec.

Une morale bourgeoise stricte

Les bourgeoises accédèrent enfin à la place qu'elles convoitaient depuis longtemps. En première place, grâce aux révolutions politique et industrielle, elles modifièrent leur style de vie et imposèrent à la société leur morale et une manière d'être. Elles furent la vitrine d'une société de bourgeois, puritains qui brandissaient comme des ostensoirs la virginité de ses filles et la vertu de leurs femmes et qui, érigeant le travail comme valeur suprême, ne supportaient pas le plaisir, le temps perdu dans l'amusement. Les bourgeoises devinrent les dépositaires d'un modèle féminin : travailleuse, tempérante et modeste. Elles élevaient leurs enfants selon les principes du siècle et transmettaient à leurs filles l'art de se montrer vertueuses et modestes tout en sachant briller en société.

En ville, les honnêtes bourgeoises ne sortaient pas au restaurant et recevaient dans leurs hôtels particuliers où elles donnaient des dîners. Ces dîners avaient donc une grande importance pour rencontrer du monde. Certains de ces dîners étaient des dîners mondains, elles invitaient alors le cercle des relations d'affaires et des relations politiques dont dépendait parfois la carrière de leur époux. Les vins devaient servir l'image que l'on voulait donner. Souvent ignares en ce domaine, elles choisissaient les valeurs sûres : les grands vins de Bourgogne, les crus classés de Bordeaux, le champagne et les liqueurs qui accompagnaient le café, les bons alcools que les messieurs fumaient avec leurs cigares. Elles se contentaient surtout du champagne et des liqueurs de fin de repas qui rendaient l'esprit léger et facilitaient les conversations. Jamais elles ne seraient parties comme des amants de Baudelaire « à cheval sur le vin / Pour un ciel féerique et divin ! »

Les femmes de la bourgeoisie, surtout de la petite et moyenne bourgeoisie, à la ville comme à la campagne, fabriquaient elles-mêmes des vins et liqueurs dont les recettes familiales et secrètes se transmettaient de mères en filles : les vins de noix, de pêche, d'orange, de framboises et des liqueurs de fruits et des fruits à l'eau-de-vie comme la célèbre confiture de vieux garçon. Les eaux-de-vie et autres alcools forts étaient bannis par ces dames, tout au plus trempaient-elles un sucre dans le verre de leur mari, à la fin du repas. Les canards et les fruits à l'eau-de-vie, comme les cordiaux permettaient de boire un peu d'alcool de manière déguisée. Le « cordial » à la fois vin et remontant, était très populaire, utile pour se remettre des évanouissements et des malaises, fréquents en raison des corsets tellement serrés pour avoir la taille fine, des coups de froid, des émotions, pour faciliter la digestion. Le remontant était un moyen discret pour boire sans remords et sans en avoir l'air car on continuait à boire de l'eau et à baptiser son vin qui restait la plus saine des boissons. C'est Pasteur lui-même qui l'affirma, lui qui sauva les paysans des morsures des renards et des chiens errants. Dans les milieux bourgeois, on remarque une certaine tempérance, une modération qui tranche avec les ripailles populaires décrites par Zola dans L'Assommoir ou Nana.

Les soupers et le monde de la courtisanerie

Après la Révolution, la tradition du souper galant se perpétua dans les cabinets privés des restaurants, dans les garçonnières ou dans les maisons des courtisanes et des actrices. Ce furent ces dernières qui relancèrent la mode en invitant chez elles après le spectacle.

Les actrices soupaient en compagnie de leurs compagnons de scène, des auteurs – Dumas était un habitué des soupers que donnait Mademoiselle Georges –, de leurs admirateurs après le spectacle. Ces actrices bien installées avaient des cuisinières et l'on y mangeait fort bien. Si la galanterie n'était pas absente, les plaisirs de la conversation y tenaient encore leur place. Ce n'est plus le cas avec les actrices de seconde zone, actrices à l'occasion mais surtout courtisanes et filles entretenues. Prenons l'exemple du souper de Nana. Elle délègue totalement la composition du menu, le choix des vins et la préparation de la table à un traiteur célèbre de Paris, Brébant, et ne choisit de servir que les plats à la mode et des vins connus à une assemblée très large composée d'hommes du monde et de demi-mondaines.

Les bons vins, une bonne cuisine, des vêtements de prix ne masquent pas un manque de bonnes manières que l'excès de vin met en lumière.

« Un grand mouvement avait lieu autour de la table. Les garçons s'empressaient... Le maître d'hôtel, qui avait fait verser jusque-là du Meursault, offrait du Chambertin et du Léoville. » Les conversations vont bon train : « Elle (Lucy) s'arrêta pour dire au garçon debout derrière elle avec ses deux bouteilles : " Léoville ". Puis, elle repartit, baissant la voix... Mais le champagne qu'on buvait depuis le potage, animait peu à peu les convives d'une ivresse nerveuse. On finissait par moins bien se tenir. Les femmes s'accoudaient en face de la débandade des couverts ; les hommes, pour respirer, reculaient leur chaise, et les habits noirs s'enfonçaient entre des corsages clairs, des épaules nues à demi tournées prenaient un luisant de soie. »

Le champagne continuait d'avoir les faveurs du monde de la galanterie. Nana le faisait couler à flots sur un champ de course, signal de rassemblement dans ce récit dont la fin est étonnante :

« Mais bientôt on se pressa surtout devant le landau de Nana. Debout, elle s'était mise à verser des verres de champagne aux hommes qui la saluaient... Le cercle grandissait. Maintenant, La Faloise versait, Philippe et Georges raccolaient des amis. Une poussée lente amenait peu à peu la pelouse entière. Nana jetait à chacun un rire, un mot drôle. La bande de buveurs se rapprochait, tout le champagne épars marchait vers elle ; il n'y avait bientôt plus qu'une foule, un vacarme autour de son landau ; et elle régnait parmi les verres qui se tendaient, avec ses cheveux jaunes envolés, son visage de neige, baigné de soleil. Alors, au sommet, pour faire crever les autres femmes qu'enrageait son triomphe, elle leva son verre plein, dans son ancienne pose de Vénus victorieuse. »

Boire au café

Au café, ce n'était pas du champagne que l'on buvait. On assistait au XIXe siècle à la multiplication des lieux de plaisir où l'on pouvait, regarder un spectacle tout en se restaurant, danser et boire, manger et s'amuser. Le vin était lié à cette société nouvelle, à cette liberté légère. Toutes classes confondues, on buvait et on s'encanaillait dans les guinguettes et caboulots, lieux des amours illicites et des plaisirs défendus. Là où le vin et le sentiment d'enfreindre la morale provoquaient une excitation particulière.

« Ils entraient ainsi dans les caboulots populaires et allaient s'asseoir au fond du bouge enfumé, sur des chaises boiteuses, devant une vieille table en bois. Un nuage de fumée acre où restait une odeur de poisson frit du dîner emplissait la salle ; des hommes en blouse gueulaient en buvant des petits verres ; et le garçon étonné dévisageait ce couple étrange, en posant devant lui deux cerises à l'eau-de-vie. Elle, tremblante, apeurée et ravie, se mettait à boire le jus rouge des fruits à petits coups, en regardant autour d'elle d'un œil inquiet et allumé. Chaque cerise avalée lui donnait l'impression d'une faute commise, chaque goutte du liquide brûlant et poivré descendant en sa gorge lui procurait un plaisir âcre, la joie d'une jouissance scélérate et défendue. »

Bel Ami, Maupassant.

Ce même Bel Ami participait à des dîners plus mondains et très privés dans un salon du Café Riche, avec la même compagne qui ne dédaignait pas se reconnaître « un peu pocharde ». En disant cela, Mme de Marelle reconnaissait le plaisir que lui procurait le vin. C'est à cet effet qu'elle employait le mot « pocharde », utilisé plutôt pour les femmes qui buvaient le gros rouge au café.

La littérature de même que les comptes rendus de médecins aux autorités montrent une augmentation de la consommation de vin en général et chez les femmes en particulier. Dans les villes, les femmes de tous les milieux allaient plus souvent boire hors de chez elles. Ce comportement nouveau était favorisé par la multiplication des lieux de sorties. Au siècle précédent, les lieux de convivialité avaient connu une grande popularité qui n'avait fait que croître. Et les cafés spectacles comme le Moulin-Rouge, si bien peint par Toulouse-Lautrec, les Folies bergères, les « caf'conc » fleurirent le long des boulevards et dans tous les quartiers. Chacun pouvait venir y trouver ce qu'il cherchait : un endroit où se distraire, où se fondre dans la masse, où oublier la vie de tous les jours. C'était à la mode de sortir sans façon, d'aller boire et danser, de faire des rencontres. Qu'y buvaient-elles ? Des apéritifs, des liqueurs, des vins macérés ou le vin qui était peu cher. Et la célèbre absinthe, la fée verte qui, d'un coup de baguette magique, vous apportait l'oubli et le rêve, mais aussi la sorcière maléfique qui rongeait l'organisme et le cerveau.

Le vin est l'opium du peuple

La multiplication des cafés et la possibilité d'y aller dans un relatif anonymat vont entraîner un phénomène nouveau : l'alcoolisme féminin qui se développa dès la monarchie de Juillet et qui fut un sujet d'inspiration pour les peintres et les écrivains. Toutes les classes sociales furent concernées, bien que celui des classes populaires fût davantage l'objet de la réprobation publique. Les femmes des classes plus populaires, femmes d'artisans, ouvrières et employées salariés, commerçantes noyées dans la masse des prolétaires venues tenter leur chance dans les industries naissantes, voyaient leur existence devenir de plus en plus précaire et les bienfaits dont elles avaient bénéficié sur le plan de l'alimentation et de l'hygiène s'envoler. De même que les prostituées et les femmes galantes, aux vies aléatoires dont les bonnes fortunes se faisaient et se défaisaient très vite. Elles furent les victimes toutes désignées de l'alcoolisme qui progressait à grand pas. Le vin leur procurait un plaisir qui leur permettait d'oublier un moment la dureté de la vie, leurs malheurs. C'était la consolante, cela donnait l'occasion de tuer le temps aussi.

C'est peut-être en cela que l'alcoolisme féminin est, d'une certaine manière, considéré différemment de l'alcoolisme masculin. Les femmes n'avaient pas les habitudes de boire liées à la sociabilité masculine : réunions dans les cafés, dans les cercles. Certes, elles commençaient à sortir ensemble. Désireuses d'une liberté qui n'était pas encore gagnée, aller au café seules ou entre amies représentait, pour elles, la fierté de leur condition de femmes, une forme de féminisme, conscient ou non. C'est cependant la solitude de la femme ivre qui était décrite et peinte comme la marque du désespoir, de la misère, d'une difficulté à vivre. Jamais Degas n'aurait peint un homme devant son verre de vin dans cette attitude. Il exhibe ainsi l'absorption solitaire et triste du vin par la buveuse de Degas. Pointée du doigt, la femme était obligée de se cacher pour boire. Cela ne vous rappelle rien ? Elle se cachait d'autant plus que la loi de 1873 pourchassait l'alcoolique sur la voie publique. Cette loi est suivie, deux ans plus tard, par une campagne antialcoolique qui visait les classes populaires, les femmes qui racolaient dans la rue et les prostituées-serveuses dans les cafés ou les bordels de campagne, mais aussi l'alcoolisme mondain. Celui-ci était plus secret puisqu'il se pratiquait dans la sphère privée des aristocrates et des bourgeoises par la pratique répétée des apéritifs, des digestifs et des pousse-café, le rituel raffiné de l'absinthe.

Ou dans les maisons closes où les prostituées attendaient les clients en buvant des chartreuses, des liqueurs de menthe et du rhum. Aucune ne montait jamais avec un client sans l'avoir fait consommer et avoir bu avec lui. Cela permettait de condamner ces femmes à la fois ivrognes et prostituées ! Une cible de choix pour les moralisateurs !

À la campagne aussi, les cafés se développent. La paysanne qui buvait son eau rougie ne rechignait pas à mettre de la goutte, de l'eau-de-vie, du calva ou de marc dans son café, autant un carburant qu'une médication, car c'est bien connu, l'alcool tue les vers et fait digérer. Mais, comme à notre époque, le vin était moins en cause que l'alcool qui saoulait plus vite, dont l'effet était plus immédiat. Et aussi parce que le vin était le compagnon de la convivialité et du plaisir partagé bien davantage que l'alcool. Certains adultes pouvaient consommer entre un demi et un litre d'alcool par jour. Ils s'assuraient d'une chose : qu'ils ne mourraient pas de sénilité !

La femme du XIXe siècle sortit peu à peu du rôle qu'on lui faisait tenir durant des millénaires. Grâce aux progrès techniques et à la production en série d'objets et de produits de consommation, la notion de luxe évolua. Il devint plus accessible. C'est l'époque des soirées dans les « caf'conc » et les music-halls sur les boulevards parisiens, où l'on regardait, où l'on était regardé, où l'on s'amusait dans une atmosphère nouvelle, libérée des carcans traditionnels. Cette atmosphère légère, joyeuse fut immortalisée par les dessins de Toulouse-Lautrec, les romans, les affiches.

La femme profita de ce vent de liberté pour goûter à des plaisirs nouveaux, pour afficher une attitude plus indépendante, pour s'affirmer et affirmer ses préférences. Cela ne concerna certainement qu'une petite partie de la gent féminine, mais ce mouvement annonçait le grand souffle libérateur qui, après la première guerre mondiale, renversa les préjugés, les manières de s'habiller, d'agir dans l'ombre des hommes, permettant enfin aux femmes de s'affirmer sans complexe.

Un XXe siècle conquérant

Au XXe siècle, les femmes finissent par acquérir le droit de faire des études, de voter, celui de travailler sans l'autorisation de leur mari et d'avoir un compte en banque en nom propre. Elles raccourcissent leurs jupes, jettent leurs corsets par-dessus les moulins, coupent leurs cheveux. Elles apprennent à conduire et peuvent se déplacer à leur guise. Libres de leurs mouvements et de leurs corps, libres de penser et d'agir par elles-mêmes. La femme est moins soumise au jugement social, même s'il faut modérer cette impression et les plus audacieuses, les plus déterminées se sentent libres de se conduire comme il leur plaît. La littérature en donne des exemples, Victor Margueritte, Colette, Simone de Beauvoir, Marguerite Yourcenar... Boire et fumer dans les lieux publics montre, chez les femmes, un changement des mentalités. Le grand tournant se fera dans la deuxième moitié du siècle avec l'arrivée de la société de consommation qui va bouleverser les façons de vivre.

La connaissance et l'étude de la consommation de vin deviennent plus précises. Les journaux prennent une place de plus en plus importante et renvoient une vision assez juste et objective de la société. Des sciences humaines vont étudier les comportements : la psychologie qui sonde les âmes et les coins les plus secrets de la pensée et la sociologie, qui, avec l'aide des statistiques, analyse et mesure les comportements de masse. La médecine s'intéresse de nouveau à cette boisson, étudiant son incidence sur les buveurs.

Certaines femmes sont initiées par des pères ou des maris désireux de faire partager leur passion à l'art de la dégustation. Sans doute plus nombreuses que nous l'imaginons, mais elles restent très discrètes et la plupart appartiennent sûrement au milieu du vin, propriétaires, négociants ou amateurs fortunés qui goûtent, régulièrement des bons vins.

Boire du vin et s'émanciper

Dans la première partie du siècle, entre les deux guerres, apparut un type nouveau de femmes : les garçonnes. En dehors du fait qu'elles raccourcissaient leurs cheveux, elles s'habillaient, buvaient et fumaient comme les hommes dont elles adoptèrent la liberté d'attitude. Minoritaires parmi des femmes qui continuaient à vivre comme leurs mères tempérantes et raisonnables, coupant leur vin d'eau et buvant un doigt de vin mousseux ou liquoreux dans les grandes occasions. En agissant ainsi, elles montraient ouvertement leur opposition à la condition féminine imposée par la société et revendiquaient une liberté d'action et d'opinion, que quelques pionnières avaient déjà revendiquée. Georges Sand qui avait choisi un nom de plume masculin, s'habillait en homme et fumait le cigare. Colette, qui aimait le vin et le connaissait bien, vivait fort librement ainsi que d'autres moins connues qui avaient servi de modèle à Victor Marguerite pour *La Garçonne*. Revendiquer sa condition de femme libre commençait par boire du vin pur, qui était réservé, pour les bien-pensants, aux ivrognesses et aux filles de joie. Ce mouvement de libération fut stoppé net par la seconde guerre mondiale, mais il renaît plus tard dans les années 50 et 60 quand les femmes obtinrent réellement leur émancipation, qui allait modifier leur comportement vis-à-vis du vin. Ayant des responsabilités dans leur travail ou dans des associations, des syndicats et des partis politiques, elles quittaient la sphère familiale et sortaient dans les restaurants et les bars sans leur compagnon ou leur mari. Les repas d'affaires ou privés, les pots, les discussions autour d'un verre étaient autant d'occasions d'approcher le vin et de le consommer. Et peu à peu, les femmes plus assurées et les hommes consommèrent le vin de la même manière, dans tous les milieux alors que jusqu'à ce jour, les femmes initiées à la dégustation appartenaient presque uniquement au monde du vin.

Ce n'est pas tellement étonnant au regard de la condescendance pour ne pas dire la misogynie dont les hommes faisaient preuve. Des propos qui sonnent comme un écho des Romains de l'Empire : « À tout dire, la femme s'éloigne parfois aussi avec une certaine méfiance des breuvages dont elle redoute l'effet plus ou moins pernicieux sur un organisme débile ; le charme de couleurs chatoyantes reflétées dans la taille artistique du cristal les séduira davantage que les effluves parfois trop rudes des fumées de l'alcool ; une bouteille intentionnellement choisie pour elle dans la gamme des vins servis au cours d'un dîner sera suffisante pour combler les désirs réduits d'un sens rapidement assouvi » ! Voilà ce que l'on pouvait lire sous le plume de Monsieur Roger Ribaud dans un ouvrage publié en... 1952, au chapitre traitant des vins aimés des femmes. « Aux accouchées laissons / les douceureuses boissons » chantait un poète du XIIe siècle. Peu d'évolutions dans les mentalités masculines !

Une véritable ouverture sur le monde du vin

Heureusement d'autres hommes qui connaissaient mieux les femmes dégustatrices, avaient davantage de respect pour leurs qualités gustatives. J'appelle à la barre Émile Peynaud, grand connaisseur des vins et des femmes, qui a écrit dans *Le Vin et Les Jours*, ce texte si éclairant à plus d'un titre. D'abord parce qu'il est écrit par un éminent œnologue, producteur et amateur de vin, qui a beaucoup dégusté à travers le monde. Ensuite parce qu'il est le reflet d'une génération. Enfin parce que sa réflexion apporte un éclairage nouveau sur les capacités des femmes à apprécier, à étudier et à aimer le vin :

« Les dames qui buvaient nos vins ne s'en vantaient pas non plus tellement. Le mot dégustation ne se déclinait pas au féminin. Et la voix avinée des bacchantes s'était tue depuis longtemps. Il fallait être Colette pour oser écrire : "Emplis donc, vin, ce verre que je tends. Verre fin et simple, bulle légère où jouent les feux sanguins d'un grand ancêtre de Bourgogne, la topaze d'Yquem, le rubis balais, un peu mauve parfois du bordeaux au parfum de violette." […]
Dans la distribution moderne, savez-vous que, statistiquement ce sont les femmes qui choisissent les bouteilles du ménage ? Enfin, à table, quand l'homme pris de court devant un vin inconnu s'interroge, il arrive que son épouse, d'un signe, lui évite l'affront de se laisser enjôler par n'importe quoi ; cette complicité est bien commode aussi contre les goûts de bouchon, je puis vous l'assurer. Il nous faut donc l'avouer : sans la contribution du goût féminin nos grands vins et nos grands amateurs ne seraient peut-être pas tout à fait ce qu'ils sont aujourd'hui. »

Est-il plus bel hommage aux femmes et au vin ? Les femmes n'ont plus de complexe vis-à-vis du vin. Elles le goûtent et l'apprécient sans complexe. Elles sont audacieuses et ouvertes aux découvertes et aux expériences d'accords avec les plats qu'elles servent. Il ne faut voir aucune moquerie, ni condescendance dans le paragraphe qui vante leur courage à goûter des vins supposés difficiles pour des papilles féminines. En effet, on prêtait aux femmes un goût plus prononcé pour les liqueurs et les vins doux ou moelleux. Souvent d'ailleurs, certaines avouent que, ne connaissant rien au vin, elles préfèrent des vins plus sucrés, plus faciles à boire que les vins plus secs. En vérité, il n'existe pas plus de vins de femme que de vins pour les femmes, car c'est la connaissance et l'expérience qui font apprécier à leur juste valeur des vins moins faciles, moins séducteurs, aux arômes et aux goûts plus typés, plus personnels.

Connaissant mieux le vin et libérées de leurs complexes, les femmes sont devenues consommatrices et acheteuses de vin au même titre que les hommes. Au cours d'une enquête de mai 2007, réalisée par les Domaines Barons de Rothschild, à la question « Qui achète le plus souvent le vin dans votre foyer ? » 41 % des femmes répondent « Moi » et 25 % reconnaissent le faire à part égale avec leur conjoint. Ce sont les femmes de 25 à 55 ans qui consomment le plus de vin mais de façon plus occasionnelle que les hommes, pour des apéritifs ou des sorties particulières. Elles n'hésitent pas à suivre les conseils de leur caviste préféré à la fois quand elles n'y connaissent rien pour avoir un conseil avisé et quand elles connaissent bien le vin pour trouver des bouteilles plus confidentielles. Les plus jeunes se fournissent davantage dans les supermarchés. L'Afivin a fait réaliser un sondage pour déterminer les types de vins préférés des femmes. Il apparaît que comme chez les hommes leurs goûts s'affinent et évoluent avec l'âge et la connaissance des vins, mais que la plupart aiment les vins fruités, aromatiques et n'apprécient ni les tanins trop puissants, ni les vins boisés. Et toujours le chouchou de ces dames, le champagne et les vins effervescents en général. Ce qui tendrait à prouver que le vin et la fête, le vin et le plaisir restent intimement liés dans l'esprit des femmes.

Les femmes acquièrent une connaissance du vin dans les magazines et lors de cours de dégustation. La plupart des journaux féminins, ceux consacrés à la cuisine et la gastronomie possèdent des rubriques vins. Les revues spécialisées dans le vin, les « Spécial Vin » des hebdomadaires fourmillent d'informations et de conseils.

Les clubs de dégustation au féminin

À partir des années 80, les clubs de dégustation se sont multipliés, et certains sont exclusivement féminins. Ils commencent à être nombreux. Impensable d'en faire une liste. Mais on ne peut pas manquer de citer les plus célèbres : Le Club du Vin au féminin qui organise dégustations et visites de vignobles et le Salon des Vins au féminin qui a lieu tous les ans au Touquet au mois de février, le *Wine Women Awards* et le Club Femmes et Vins du Monde.

Voici quelques portraits choisis de manière très arbitraire :

Régine Le Coz

Elle a été l'initiatrice, la cofondatrice et l'organisatrice du 1er concours international des vins rosés du monde : « Le Mondial du Rosé », à Cannes en 2004 en collaboration avec l'Union des Œnologues de France. En 2007, avec son réseau international, elle crée « Femmes et Vins du Monde » à Monaco ; aujourd'hui c'est au tour de « Femmes et Spiritueux du Monde » de se mettre en route ! Deux concours internationaux qui, outre leur but premier de récompenser et valoriser les vins et les boissons spiritueuses du monde entier, s'attachent aussi à mettre en lumière la féminisation de ce secteur d'activité et les métiers qui y sont exercés à travers les différents collèges de ses dégustatrices internationales.

Quelle vision du vin aviez-vous quand vous avez décidé de faire ce métier ?

(Rires) Rouge, rosé, blanc avec des bulles parfois ! Ce métier, ce n'est pas ma décision...
Je pensais naïvement qu'une femme ne pouvait pas travailler dans ce secteur d'activité et y gagner sa vie. C'était réservé aux hommes et parmi eux, plus précisément aux curés...

Pour moi, il y avait les vendanges, la bonbonne de vin rouge que nous allions chercher avec mon père chez les curés, le rituel de la mise en bouteille étoilée à la maison et abracadabra ! Pouf ! La bouteille sur la table, magique quoi ! Pas de place pour un job et encore moins pour une femme. C'est tardivement que je me suis formée.

Être femme, est-ce un avantage ou un inconvénient ? Le métier valait-il les sacrifices que vous lui avez concédés dans le domaine de la vie privée ou familiale (si sacrifices il y a eu) ?

Pour moi ce n'est pas un métier, c'est une passion. J'ai découvert cette filière à 32 ans, le coup de foudre si on peut dire (rires), et le virage. Car j'ai eu le choix entre une vie de famille et vivre ma passion et j'ai choisi cette dernière. C'est comme voir la lumière, car la famille que j'ai trouvée sur ma route depuis est encore plus grande et plus riche de personnes et d'événements que ce que j'aurais pu créer ou procréer.

Maintenant votre vision du métier et du vin a-t-elle changé ?

C'est toujours les mêmes couleurs… avec plus de nuances, plus de goûts, plus de saveurs, plus d'arômes, plus de diversité, plus de découvertes, avec aussi peut-être plus de bulles qu'avant (rires). Encore plus de souvenirs joyeux, plus de rencontres chaleureuses, plus d'échanges internationaux. Tous les matins en me levant, je ne sais pas grand-chose et je doute toujours. Mais, je suis sûre d'une chose, il y a 18 ans je ne me suis pas trompée en choisissant cette voie, je sais que j'ai de la chance, beaucoup de chance de vivre ma passion et de ma passion.
Je fais le plus beau métier du monde et la Nature me le rend bien !
Dix-huit ans plus tard, j'ai toujours l'impression d'avoir 32 ans, ceci explique cela. Vouloir montrer et faire

découvrir tous les métiers qui existent dans la vigne et le vin à travers les collèges de nos dégustatrices internationales. Cela passe aujourd'hui par « Femmes et Vins du Monde Concours International - *Women and Wines of the World International Competition* » à Monaco.
Car l'expertise des femmes dans la vigne et le vin au niveau international est aussi une réalité ! »

****

Suzanne Méthé
Après un parcours professionnel dans le monde du luxe, mode et art de vivre, Suzanne Méthé, Canadienne résidant en France, se tourne vers le monde du vin. Elle travaille en Val de Loire sur des manifestations autour du vin avant de rejoindre l'équipe du Bottin Gourmand et de l'Amateur de Bordeaux et de s'occuper du Wine Women Awards.

Quelle vision du vin aviez-vous quand vous avez décidé de faire ce métier ?
Avant « d'atterrir » dans le vin, je vivais à New York et j'avais plutôt un contact « produit » avec le vin. Mes choix de vie m'ont amené à Saumur, dans le vignoble. Ma reconversion est passée par une formation au lycée de Montreuil Bellay.

Être femme, est-ce un avantage ou un inconvénient ? Le métier valait-il les sacrifices que vous lui avez concédés dans le domaine de la vie privée ou familiale (si sacrifices il y a eu) ?
Ni avantage ni inconvénient. Cela dépend beaucoup des rencontres. J'ai eu la chance de rencontrer Christian Asselin, un homme du vin, avec lequel j'ai collaboré sur des projets ambitieux autour des paysages de vignes et de

vins dans la Loire. Il s'appuyait sur les qualités des individus. J'ai pu, grâce à lui, avoir une vision prospective. Parce que, contre l'immobilisme de la filière, le lobby anti-alcool et l'environnement juridique, hommes ou femmes, nous sommes tous aussi impuissants.

Maintenant votre vision du métier et du vin a-t-elle changé ?
Elle n'a pas changé mais j'évolue dans un autre univers. Je me suis éloignée des paysages, des vignes et du terrain pour me consacrer depuis deux ans au *Wine Women Awards*, le Prix de la Femme du Vin et à l'*Amateur de Bordeaux*. Partager la passion du vin avec des femmes de plus de trente nationalités est une expérience très enrichissante. Rassembler et mieux faire connaître l'univers du vin, ma vision du vin s'est internationalisée ! Le *Wine Women Awards* soutient les femmes qui ont des projets et qui veulent faire progresser la filière à tous les niveaux !

Que pensez-vous de tout ce qui se dit sur les femmes et le vin, en particulier dans la presse féminine et non professionnelle ?
Cela permet de décomplexer l'approche du vin qui peut être très complexe. En France, le pays du vin, les gens sont souvent gênés de ne pas mieux connaître le vin, ils se cachent derrière des appellations connues. Les Américains ont une approche beaucoup moins complexée, ils sont « venus au vin », on leur a donné des clés simples comme le cépage, puis ils ont voulu en savoir un peu plus. Leur consommation est en progression constante…
Par contre ce qui me plaît beaucoup moins, c'est la tendance à vouloir enfermer les consommatrices dans un « style de vin féminin ».

****

Corinne Hennequin

Corinne a quitté l'île ensoleillée de son enfance, La Martinique, afin de poursuivre ses études. En métropole, elle a découvert ses deux passions : la communication et le vin. Elle assouvit la première dans l'agence Hémisphère Sud qu'elle dirige et où elle s'occupe de stratégies de communication auprès d'entreprises et d'institutions. Tombée dans le vin tardivement mais définitivement, elle a créé à Bordeaux le club féminin de dégustation, L & Vin, qu'elle préside et au sein de laquelle, elle ne cesse de découvrir et d'apprendre tant le monde du vin est infini.

Quelle vision du vin aviez-vous quand vous avez décidé de faire ce métier ?

Je n'ai pas été « éduquée » au vin par mes parents. Il faut dire qu'aux Antilles où j'ai grandi, les adultes qui m'entouraient buvaient plus facilement de la bière ou du rhum…

Ma rencontre avec le vin fut tardive, à 19 ans lors d'un passage à Bordeaux, mais ce fut un coup de foudre, la naissance d'une passion. Nous ne sommes plus quittés.

Deux ans plus tard, je m'installais à Bordeaux. Je commençais ma carrière professionnelle dans une agence de communication qui comptait parmi ses budgets des clients du monde du vin. Je côtoyais des professionnels du vin, syndicats viticoles, viticulteurs et journalistes : j'assistais aux dégustations, je les écoutais commenter les vins… je buvais leurs paroles.

Mon approche des régions de France et des pays a changé : les paysages prenaient une nouvelle couleur, de nouveaux parfums, de nouvelles saveurs… ceux de leurs vins. Je me faisais une fête en voyage de découvrir de nouveaux vins, de les comparer à la palette gustative que j'essayais de retenir. Le vin devenait ma « madeleine » : de retour de vacances, je retrouvais les paysages et odeurs que j'avais quittés en dégustant le vin que j'y avais acheté. Ce plaisir est devenu une source de convivialité par le partage : déboucher une bonne bouteille entre amis, faire découvrir aux copains un vin original qu'on a déniché en vacances, conserver religieusement une bouteille rare pour une occasion spéciale que l'on fêtera entouré de ceux qu'on aime. Le vin est de toutes les fêtes, de toutes les occasions, de toutes les retrouvailles... mais aussi de tous les jours : je n'hésite pas à déboucher une bouteille pour accompagner mon repas même si je suis seule... pour rajouter du soleil dans ma journée comme disait Baudelaire (« un repas sans vin est un jour sans soleil »). Mon approche du vin n'est pas livresque mais sensuelle et je n'en tire aucun complexe. Avec la création de mon club L & Vin, j'ai été amenée à percer les mystères du vin, à mettre des mots sur des sensations. Cet apprentissage ne vient que renforcer le plaisir de la dégustation.

Être femme, est-ce un avantage ou un inconvénient ? Le métier valait-il les sacrifices que vous lui avez concédés dans le domaine de la vie privée ou familiale (si sacrifices il y a eu) ?

Je vais vous répondre à deux niveaux : en tant qu'attachée de presse dans le monde du vin et en qualité de présidente d'un club féminin de dégustation.

Être femme dans le monde du vin, même si ce n'est qu'au niveau de la communication, n'a pas toujours été évident. On rencontre de la méfiance, de la suspicion sur nos compétences et notre faculté à pouvoir parler du vin. Mais les choses évoluent, les « hommes du vin » se sont rendu compte qu'ils devaient compter sur les femmes et leur rôle d'acheteuse au sein du foyer. Les rapports humains semblent se « décontracter ».

En tant que fondatrice d'un club de dégustation de vin réservé aux femmes, cela a été un réel bonheur de rencontrer des femmes qui partageaient la même passion. L'importance des femmes dans la consommation du vin est telle que les syndicats viticoles sont ravis de se mobiliser pour des clubs féminins.

J'anime depuis plus de 3 ans le club L & Vin, une activité très prenante que je fais sur mon temps libre (le temps qu'il peut rester à un chef d'entreprise qui cumule comme toutes les femmes une double vie avec celle de l'organisation de sa maison et ses enfants). Alors oui, parfois il faut faire des sacrifices mais je l'ai choisi et je ne regrette pas le bonheur personnel et social que je trouve au sein de mon club.

Maintenant votre vision du métier et du vin a-t-elle changé ?

J'ai acquis des compétences techniques au sein du club L & Vin qui, forcément, influencent ma perception du vin. Je peux juger un vin avec plus de discernement et surtout, je me sens plus libre et décomplexée pour en parler.

Que pensez-vous de tout ce qui se dit sur les femmes et le vin, en particulier dans la presse féminine et non professionnelle ?

Comme je le disais, le vin est un produit sensuel qui parle aux femmes. C'est normal que la presse féminine et professionnelle consacre ses colonnes à ce phénomène de société (après tout plus de 75 % des achats de vins en grande distribution sont faits par des femmes !).

Encore un petit effort à faire pour changer les mentalités et encourager les femmes à investir aussi le métier de sommelier (où elles ne représentent que 6 % des effectifs en formation).

Les femmes aiment le vin, savent le boire et le boivent avec un plaisir accru par la connaissance qu'elles en ont. Il y a dans leur attitude quelques de chose de responsable et de joyeux à la fois. Elles n'ont aucun complexe face à la dégustation et laissent le plaisir prendre le pas sur le vocabulaire savant. C'est pour cela aussi que les vraies dégustatrices sont assez peu buveuses d'étiquettes mais davantage de vins qui leur procurent du plaisir. Finalement si l'on regarde l'histoire, n'est-ce pas ce qu'elles ont toujours recherché ? Un plaisir qu'on leur interdisait parfois ou qui leur était limité. Et surtout pas en public sous peine de passer pour une ivrognesse ! Maintenant, on les voit boire sans complexe, dans les romans et les films, dans les cafés et les restaurants, lors des dégustations ou de salons. Le vin représente pour elles la convivialité, le plaisir de partager entre amis de bons moments, mais aussi un plaisir très personnel que l'on s'offre. Elles choisissent fort judicieusement leurs flacons et aiment à les marier le mieux possible à leurs plats lors des dîners qu'elles organisent. Elles égalent les hommes dans les concours de dégustation mixtes. Reconnaissant leurs qualités, certains hommes, encore trop rares il est vrai, leur laissent la carte des vins dans les restaurants. Plus elles savent déguster, mieux elles apprécient les grands et bons vins, des vins de caractère, bien charpentés, ronds et soyeux. Et bien malin qui pourra y trouver un goût féminin du vin. Un véritable amateur de vin qu'il soit homme ou femme, aime les bons vins. C'est une question d'éducation, de connaissance, d'expérience, en rien une question de sexe !

CONCLUSION

L'amour du vin...

Nous voici au terme de ce livre qui raconte la longue histoire entre les femmes et le vin, une histoire qui n'est évidemment pas terminée et qui connaîtra encore de belles aventures, des rebondissements, des luttes et des apaisements car dans ce domaine maintenant les femmes et les hommes œuvrent sur un terrain égal pour leur passion.

Les relations que les femmes ont entretenues avec le vin ont suivi et suivront toujours la lente évolution qui les a amenées à la maturité, à la reconnaissance. Longtemps considérées par certains hommes comme des êtres irresponsables voire inférieurs, leur alphabétisation comme leur éducation semblaient superfétatoires, les privant ainsi de la connaissance et de la culture qui leur auraient permis de s'exprimer. C'est pour cela que nous n'avons lu, durant des siècles, des écrits sur le vin signés exclusivement de noms masculins.

La plupart d'entre eux aimaient les femmes, leur regard fut souvent tendre, parfois amusé ou gentiment leste. Les plus misogynes ou les plus cyniques montrèrent des attitudes perverses ou humiliantes, je pense en particulier à Sade, pour qui la femme n'est qu'un objet et le vin une arme pour la rendre docile, mais aussi aux Anciens romains qui se servirent du vin comme outil d'asservissement. Mais heureusement, ces attitudes-là furent minoritaires.

Les femmes ont toujours su que le vin était leur allié. Il fut d'abord un remède contre de nombreux maux et un remontant efficace utilisé par les médecins pour rétablir les accouchées du travail de l'enfantement et requinquer les affaiblies, certains malaises furent certainement des alibis pour pouvoir boire en douce !

Lors des fêtes, le vin leur procurait la joie, l'oubli des douleurs et des peines, il scellait les alliances et les unions, et d'ailleurs Jésus ne changea-t-il pas l'eau en vin lors des noces de Cana à la demande pressante de sa mère dont on ne peut douter de la moralité ?

C'est au nom de la moralité – dont on pourrait finir par penser que c'était une vertu typiquement féminine puisqu'on l'exigea davantage des hommes que des femmes –, que l'on demandait aux femmes qu'elles soient tempérantes voire abstinentes. Cela fut assez facile de leur imposer jusqu'à ce qu'elles s'émancipent par l'instruction et l'entrée massive dans le monde du travail, et surtout lorsqu'elles eurent accès à des postes de responsabilité.

Prenant en exemple quelques émancipées de la première heure, on a tendance à oublier que l'exception française a maintenu plus longtemps que dans beaucoup d'autres pays les femmes dans une dépendance vis-à-vis des hommes. Mais dans le domaine de la vigne et du vin comme dans de nombreux domaines qu'elles ont investis alors, elles ont su montrer leurs compétences. Elles ont utilisé leurs sens et leurs connaissances pour élaborer des vins, les déguster et les faire découvrir. On attendait beaucoup d'elles et la majorité a été à la hauteur des espérances et a su prouver leur talent. Mais, et je ne le répéterai jamais assez, si les unes fustigent le machisme ambiant qui les a accueillies, d'autres soulignent le soutien et la confiance que leur ont accordés leurs homologues masculins. Les relations des hommes et des femmes à l'image de celles des femmes et du vin doivent être complices, respectueuses, amicales et même aimantes. Car les bienfaits du vin unissent hommes et femmes dans une même harmonie, un même plaisir.

Une femme a repris, des siècles après Platon, les thèses de l'Antiquité sur l'ivresse et ses bienfaits. Rien de néfaste au contraire, une euthymie, une euphorie salutaire, un vin cathartique et libérateur permet à l'esprit d'atteindre des sphères inconnues que l'âme humaine, en temps normal, ne peut imaginer. Dans une sorte de retour vers la sagesse mystique des Anciens, on touche au divin et comme le disent les héros de cette nouvelle : « la grâce divine se manifeste par l'entremise du vin ». Dans *Le Dîner de Babette*, Karen Blixen met en scène deux femmes, abstinentes et guidées par leur seul sens du devoir, vaincues par les bienfaits d'une certaine ivresse, deux vieilles filles vivant au milieu d'une communauté extrêmement austère. Un jour, leurs vies et leurs modèles vont être bouleversés par un dîner offert par leur servante, Babette, une cuisinière française, réfugiée chez elles après la Commune.

La peur de contrevenir aux règles mises en place par leur père et d'absorber des substances interdites par leur religion tourmente à tel point leur conscience qu'elles vont convaincre la communauté tout entière de n'accorder aucune attention à ce qu'ils boiront et mangeront de manière à ne pas pécher volontairement.

Mais le vin va accomplir des miracles !

« Ils étaient installés autour d'une table servie. Eh bien, n'avait-on pas fait de même aux Noces de Cana ? Et la Grâce avait choisi de se manifester à ces noces, dans le vin, plus abondante que jamais.
Le "familier" de Babette remplit les verres. Les hôtes les portèrent gravement à leurs lèvres pour confirmer leur résolution. Le général Löwenhielm qui se méfiait un peu de ce vin, en prit une gorgée, s'arrêta, éleva son verre jusqu'à son nez, puis jusqu'à ses yeux : il était stupéfait : "Ceci est fort étrange, pensa-t-il, voilà de l'Amontillado et le meilleur Amontillado que j'ai dégusté de ma vie"…

Les habitants de Berlewaag n'avaient pas l'habitude de beaucoup parler en mangeant, mais les langues se délièrent, en quelque sorte ce soir-là...
Le serveur remplit les verres une fois de plus. Cette fois, les frères et les sœurs reconnurent que ce qu'on leur versait n'était pas du vin, car le liquide pétillait : ce devait être une espèce de limonade. Cette limonade convenait parfaitement bien à l'exaltation de leurs esprits ; ils avaient l'impression qu'elle les emportait au-delà de la terre, dans une sphère plus pure, plus éthérée. Le général Löwenhielm déposa son verre et se retournant vers son voisin, lui dit : "Voilà certainement un Veuve Clicquot 1860 !" Le voisin lui adressa un sourire amical et lui parla du temps qu'il faisait.
La plupart du temps, les habitants de Berlewaag éprouvaient quelques lourdeurs au cours d'un bon repas, il n'en fut pas ainsi ce soir-là. Les convives se sentaient devenir de plus en plus légers, légers matériellement, et légers de cœur au fur et à mesure qu'ils mangeaient et buvaient. Quand la société se dispersa [...] l'épaisse couche de neige rendait la marche difficile. Les invités de la maison jaune vacillant sur leurs jambes, trébuchaient, tombaient assis, tombaient sur les genoux, tombaient face contre terre. Lorsqu'ils se relevaient couverts d'une neige immaculée, il semblait que leurs péchés avaient été lavés à l'exemple de la laine blanche des agneaux...
Pour eux qui avaient pris toute chose tellement au sérieux, c'était une grâce d'être redevenus pareils à des petits enfants. Quelle joie aussi de voir les autres dans cet état de seconde enfance vraiment céleste. »

L'amour et la culture du vin ne sont ni masculins, ni féminins, ils sont bien au-delà des querelles sexistes !

BIBLIOGRAPHIE

Ouvrages Généraux

ADLEER (Laure), *La vie quotidienne dans les maisons closes,* Hachette, 1990.

Anonyme, *Les Mille et une nuits.*

BILLIARD (Raymond), *La vigne dans l'Antiquité,* Jeanne Lafitte, 1999.

BOLOGNE (Jean-Claude), *Histoire morale et culturelle de nos boissons,* Robert Laffont, 1991.

BRAUDEL (Fernand), *L'Identité de la France,* T I Espace et Histoire, Arthaud, 1986.

DION (Roger), *Histoire de la vigne et de vin en France,* Flammarion, 1957.

FLANDRIN (Jean-Louis), MONTANARI (Massimo), sous la direction de, *Histoire de l'alimentation,* Fayard, 1996.

FLANDRIN (Jean-Louis), COBBI (Jane), sous la direction de, *Tables d'hier, Tables d'ailleurs,* éditions Odile Jacob, Paris, 1999.

FRAZER (James), *le Rameau d'Or,* Bouquins, Robert Laffont, 1981.

HENNING (Jean-Luc), *Erotique du Vin,* Zulma, 1999.

LACHIVER (Marcel), *Vin, vigne et vignerons. Histoire du vignoble français,* Fayard, 1988.

LUR SALUCES (Alexandre de), *La morale d'Yquem, entretiens avec Jean-Paul Kaufmann,* Grasset-Mollat, 1999.

LUTZ (H.-F.), *Viticulture and Brewing in the ancient orient,* Leipzig, 1922.

MONTANARI (Massimo), « Structures de production et systèmes alimentaires », in *Histoire de l'alimentation,* op. cité.

OTTO (Walter F.), *Dionysos, le mythe et le culte,* Paris, 1969.

PEYNAUD (Émile), *Le Vin et Les Jours,* Dunod, 1988.

ROUX (Suzanne), *Paris au Moyen Âge,* Hachette Littératures, 2003, pp. 239-248.

SAFRAN (Serge), *L'amour gourmand, Libertinage gastronomique au XVIIIe siècle,* La Musardine, 2000.

TOUSSAINT-SAMAT (Maguelonne), *Histoire de la nourriture,* Larousse, 1987. *Histoire de la cuisine bourgeoise du Moyen-âge à nos jours,* Paris, 2001, Albin Michel.

TROUSSON (Raymond), *Romans libertins,* Robert Laffont, Bouquins, 1999.

Revues, colloques

COCHE DE LA FERTÉ, *Les Ménades et Dionysos,* p. 12 à 23, RA XXXVIII, 1951, Paris.

CORBEAU (Jean-Pierre), « Vin, sexisme et légèreté » , in *Le vin dans les textes sacrés et les cultures méditerranéennes,* Office international de la vigne et du vin, Journées de Ribaute, Aude, 1988.

DUCHESNE (Annie), « Yvrongnesse et putain » La buveuse et ses excès dans la France d'Ancien Régime (XVI-XVIIIe siècle) dans *L'histoire du vin, Une histoire de rites*, OIV, 1997.

DREW BEAR (Thomas), NAOUR (Christian), *Divinités de Phrygie,* ANRW, 18.3, New York, 1990.

GUETTE COLE (Susan), *Dionysiac mysteries in Prygia in the imperial period,* EA 17, 1991.

PANEL-SCHMIDT (Pauline), *La femme au banquet,* REA, T. XC, 1988.

PEPKE-DURIX (Hannelore), « Les débuts de la constitution du vignoble de l'Hôtel-Dieu de Beaune », *Le Bien Public*, 27 novembre 2005.

PIRENNE (Henri), *Un grand commerce d'exportation au Moyen Âge : Les vins de France*, p. 255-243, AESC, V, 1933.

VILLANUEVA PUIG (Marie-Christine), *La ménade, la vigne et le vin* ; n° 1-2., REA, T.XC, 1988.

Revue des Études Latines, 1955, p. 108-113.

L'Imaginaire du Vin, Colloque du Centre de recherches sur l'image et le symbole, Faculté de Dijon, 15-17/9/1981, p. 378.

La Vigne, n° 203, novembre 2008.

Littérature

ARISTOPHANE, *Thesmophories,* (v. 730-758), Lysistrata, L'assemblée des femmes, Théâtre complet II, Folio, 1966

ARISTOTE, Problèmes XXX, Les Politiques, II, 6, 5, Garnier-Flammarion, 1990.

BALZAC (Honoré de), *Les paysans,* Folio classique, 1975.

BLIXEN (Karen), *Le Dîner de Babette,* Folio, 2002.

CASANOVA (Giacomo), « Plaisirs de Bouche », six épisodes extraits de *L'Histoire de ma vie*, Librio, Poche, 1998.

COLETTE, « Vins » dans Prisons et Paradis, Fayard, œuvres complètes, T VIII, 1949.

COLUMELLE, *De Rustica* XII, 2, Les Belles Lettres, 1998.

EURIPIDE, « Les Bacchantes », Tragédies complètes II, Folio classique 1997.
DIDEROT (Denis), *Jacques le Fataliste,* GF-Flammarion, 1970.
HERODOTE, II, 78, les Belles Lettres, 2003.
JUVENAL, *Anthologie Palatine,* Satires, Sur les femmes, 300-305, 313-320, MARTIAL, Les Belles Lettres, 2003.
MACROBE, *Epigrammes,* les Saturnales, livre III, chapitre XI, Garnier-Flammarion, 1997.
MAUPASSANT, *Bel Ami,* Livre de Poche, 1972.
MARQUISE DE SÉVIGNÉ, *Correspondance,* Bibliothèque de la Pléiade, NRF, 1974.
MOLIÈRE, *Le Bourgeois Gentilhomme,* acte IV, scène 2, 1re chanson à boire, Librairie Hachette, 1935.
MONTAIGNE, « de l'ivrognerie », *Essais,* livre second, chapitre deux, 1588, Livre de Poche, 1972.
NONNOS DE PANOPOLIS, « Les Dionysiaques », chant XIII, Les Belles Lettres, 1995.
OVIDE, *L'Art d'Aimer* » livre III, 761-766, Les Belles Lettres, 2002.
PLINE, HN, XXXIII, 15, H N, XIV, 6, Les Belles Lettres, 2003.
PLATON, « *Le Banquet* » les Politiques, 6, 5, Garnier Flammarion 1990, GF, 1992.
PLUTARQUE, « *Le Banquet des sept Sages* », Morales 13, 156 C, Les Belles Lettres, 1985.
Lettres de Madame, duchesse d'Orléans, née Princesse Palatine (1672-1722), Mercure de France, 1989.
RESTIF DE LA BRETONNE (Noël-Étienne), *La vie de mon père,* Bouquins Robert Laffont, 1779.
ROUFF (Marcel), *La Vie et la Passion de Dodin-Bouffant,* gourmet, Le Serpent à Plumes, 1994.
SERRES (Olivier de), *Le théâtre d'agriculture et mesnage de champs,* 1600, Actes Sud, 2001.
ZOLA (Émile), *Nana,* Le Livre de Poche, 1993.
La Bible, Ancien Testament, Livre des Proverbes, chapitre 31, vers 16, « l'Éloge de la femme vaillante », Ancien Testament, Livre de l'Ecclésiastique, au chapitre 9, Nouveau Testament, Évangile de St Jean (II, 1-11), Osty Le Seuil, 1973.

REMERCIEMENTS

À Patrick Chazallet, mon compagnon et patient relecteur des épreuves de ce livre, pour son soutien et son aide précieuse ;
À Philippe Loquineau qui, le premier, m'a suggéré de faire un livre sur ce sujet ;
À Bruno Boidron qui a cru au livre et m'a donné ma chance ;
À Sabine Brochard, Béatrice Cointreau, Clotilde Davenne, Paz Espejo, Linda Grabe, Corinne Hennequin, Régine Le Coz, Suzanne Méthé, Isabel Mijares y Garcia-Pelayo, Margot de Nicolaï, Jancis Robinson, Iris Rutz-Redel, Christine Valette, Fanchon Vrignaud pour leur confiance et leur coopération.

TABLE DES MATIÈRES

Introduction . . . . p. 5

CHAPITRE 1 : LES FEMMES FONT LE VIN . . . . p. 9

Des femmes dans les vignes ? . . . . p. 10
    Le rationnel... . . . . p. 11
    ...Et l'irrationnel . . . . p. 13
Les moniales et le vin . . . . p. 15
    Faire le vin une obligation . . . . p. 16
    La Règle et le Vin . . . . p. 19
Femmes aux commandes . . . . p. 21
    La Dame d'Yquem . . . . p. 22
    Les grandes dames du Champagne . . . . p. 23
Le XXe siècle, enfin des femmes vigneronnes . . . . p. 28
    Des domaines difficiles à conquérir . . . . p. 29
    Faire ses preuves davantage que les hommes . . . . p. 31
    La liberté d'innover . . . . p. 32
    Responsables et impliquées main dans la main
    avec les hommes . . . . p. 34
Portraits . . . . p. 38

CHAPITRE 2 : SERVIR LE VIN . . . . p. 51

Au service des dieux et des hommes . . . . p. 53
    À Babylone déesses et cabaretières . . . . p. 53
    Les femmes grecques au service de Dionysos . . . . p. 57
    Cabaretières à Rome . . . . p. 63
    Bacbuc et la Dive Bouteille . . . . p. 65
Terminé, le service divin . . . . p. 67
    Aristocrates et VRP . . . . p. 67
    À la taverne et dans les guinguettes... . . . . p. 70
    ... et autres lieux . . . . p. 73

La femme, l'affiche et le vin .... p. 76
    L'image de la femme .... p. 77
    Créer le désir .... p. 77
    Quelques femmes d'exception .... p. 79
Sommelières, etc. .... p. 82
    À l'école du vin .... p. 83
    Les femmes sont partout .... p. 85
Portraits .... p. 88

CHAPITRE 3 : LES FEMMES BOIVENT LE VIN .... p. 101

De la naissance du vin à la fin de l'Antiquité .... p. 102
    De l'Égypte à la Mésopotamie, les femmes boivent le vin . p. 103
    La Grèce et Rome, que de contrastes ! .... p. 108
Du Moyen Âge à nos jours .... p. 121
    Tempérantes à la campagne .... p. 123
    D'autres manières en ville .... p. 132
    Le meilleur pour les aristocrates .... p. 142
    Un XXe siècle conquérant .... p. 160
Portraits .... p. 165

Conclusion .... p. 173

Bibliographie .... p. 177

Conception graphique : Walid Salem
Suivi de fabrication : Perfecto, Bordeaux

Achevé d'imprimer sur les presses de
l'imprimerie France Quercy, Mercuès
en juin 2009

Dépôt légal : juin 2009